KB208139

땅에 엎드려 야훼께 예배하라

Fell to the ground,
bow your heads before YHWH in worship

나, 야훼의 말씀이니라.
나는, 나의 이름을 이용하는 인간들의 종교 놀이에
관심이 없다.
나에게 예배하는 영혼만 구원한다.

I, THE LORD, speak.
I am not interested in religious games using my name.
I save only those spiritsouls who worship me.

목 차

(편지 I) 듣는 귀에는 매우 쓴 약이지만, 영혼에는 생수를 부어 끓여 달인 보약이 되는 말씀을 불철주야 기도하는 목사님들과 교인들에게 편지합니다.

X 창세기 이야기

XI 네피림과 유대인

* 본 책에서 인용한 성경 구절 등은 대한성서공회 홈페이지의 성경전서
개역개정판 에서 성경읽기 및 성경검색에 기록된 성경 구절을
복사 하여 인용하였습니다.

(편지 Ⅰ) 듣는 귀에는 매우 쓴 약이지만, 영혼에는 생수를 부어 끓여 달인 보약이 되는 말씀을 불철주야 기도하는 목사님들과 교인들에게 편지합니다.

목사님들은 스스로 예수 그리스도의 제자라고 생각하고 있습니다. 제자 된 목사님들에게 예수님이 주신 사명은 세 가지인데, 하나는 교회에 지성소와 성소를 세워 교인들을 하나님 앞으로 인도하고, 교인들이 하나님께 예배를 드리도록 환경을 조성하는 사명이고, 둘은 교인들이 하나님께 예배를 드린 후, 교인들에게 성경을 잘 가르쳐, 하나님 백성이 지식이 없어 망하지 않도록 하는 사명이고, 셋은 복음의 말씀을 세상 끝까지 전파하는 사명입니다.

이러한 귀중한 사명을 감당하기 위해 밤낮없이 기도하고 애쓰는 목사님들 중에서 현실이 너무 어려워 지치고 낙심하는 목사님들에게 이 편지를 씁니다.

이 편지를 보시는, 교인 숫자가 적거나 새로이 교회를 개척하는 교회의 담임목사님은 대형교회, 중형교회들 사이의 무한 경쟁에서 작은 교회가 생존할 수 있다고 생각하십니까? 아니면 그래도 현 상태만이라도 겨우겨우 유지, 생존은 할 수 있다고 보십니까? 또 목사님이 시무하고 있는 교회의 미래는 어떻게 되리라 예상하십니까? 지금이라도 인터넷을 검색하면, 교인들이 왜 대형교회를 선호하는지, 작은 교회가 왜 어려운지 그 이유와 미래가 보일 것입니다.

그럼에도 불구하고 작은 교회이지만 기존 대형교회들과 비교하여 확실하게 차이점을 만들고, 교인들에게 반석 위에 교회를 세우신 예수님의 참뜻을 알리고, 비록 교인 숫자는 적고, 돈은 부족하여도 거룩한 교회로 변화시켜, 목사님이 시무하시는 교회를 하나님 뜻에 합치하는 교회로 세워야 하지 않겠습니까?

목사님 교회는 타 교회와 비교하여 확실히 차이가 나는 올바른 점이 무엇이라고 생각하십니까? 그 올바른 점을 만들기 위해, 기존의 기독교 교회의 시스템으로부터 발상을 전환하여, 하나님 마음으로 교회를 바라보기 원합니다.

　예수님은 왜 교회를 세우셨을지 기도해 보시기를 바랍니다.

　복음 전파만을 위하여 교회가 필요하셨을까요. 예수님이 능력이 부족하여서 사람에게 의지하기 위해 교회를 세우셨을까요. 하나님은 절대 사람에게 그리고 베드로, 바울 등 예수님의 제자들에게 의지하지 않습니다.

　교회를 세우신 목적은, 사람의 자아가 기승을 부리는 이 시대에 유대인이든 이방인이든 누구든지 하나님 앞에 나아와 예배하고 문안을 드릴 수 있게 하기 위하여 교회를 세우신 것이라고 봅니다. 교회는 반석이요, 반석 위에서 하나님을 만날 수 있다고 예수님이 말씀하셨다고 믿습니다.

　천주교의 패망 원인은 오로지 교황 한 사람만이 대제사장이 되어 그가 홀로 하나님의 계시를 받는다고 하면서, 교황을 중심에 올려 두고 사람인 그를 경배하였기에 패망이 임하였습니다.

　그러다가 그 반작용으로 마틴 루터, 츠빙글리, 장 칼뱅의 종교개혁이 일어나게 되었는데, 5대 솔라를 부르짖으며 천주교에서 벗어나서 기독교를 출발시켰건만, 종교개혁의 결과물인 기독교조차도 천주교와 매우 유사하게 이번에는 10만 명의 목사가 각자 대제사장이 되어 사람인 목사가 스스로 주의 종이라고 자칭하면서, 그가 정말 하나님의 계시를 받고 있는 듯이 행동하면서, 목사를 예배의 중심에 올려 두고, 사람인 목사가 예배를 받고 있는 지경에 이르렀습니다.

　대형, 중형교회 담임목사들이 교회 안에서 왕으로 군림 함을 보고 있지 않습니까? 물론 작은 교회의 경우에도 다르지 않습니다. 저들이 주의 종이라고 참담하게 떠들면서 교회 안에서는 설교권, 재정권, 인사권 등 전권을 가지고 군림하고 있지 않습니까.

목사님들이 말하는 "주님"은 하나님이십니까 아니면 예수님이십니까. 어느 분의 종입니까. 하나님이나 예수님이 언제 종을 두신 적이 있습니까. 이런 목사의 모습이 천주교 교황과 다르다고 생각하십니까.

목사님들을 포함하여 모든 교인들의 최우선 의무는 하나님께 예배를 드리는 일입니다. 예배를 드리는 데 방해가 되는 일체의 행위는 성령을 훼방하는 죄와 동일한 죄입니다. 목사님들이 지금 예배를 방해하고 있지 않은지 돌이켜 보기 바랍니다. 예배를 받으시기를 원하시고, 기다리시는 하나님을 목사님이 시무하는 교회에 그분의 자리를 마련하여 예비하고 있습니까? 또 목사님들의 설교가 하나님께 대한 예배보다 우선시 되고 있지 않습니까?

하나님께서 말씀하시기를 너희 모든 남자는 매년 세 번씩 주 야훼께
보일지니라 (출 23:17, 출 34:23)

모든 목사님들이 타성과 관행에 젖어 스스로 기존 예배의 중심에 서서 예배를 받고 있습니다. 이 편지를 보고 계시는 목사님은 주일예배 및 각종 예배에서 예수님보다 더 중심에 서서, 목사님이 교인들의 숭배를 받고 있다고 생각하지 않습니까? 목사님이 예배의 중심에 있는데 거기에 예수님과 성령님이 오시리라 믿으십니까? 하나님 예수님 성령님이 눈길을 주시고 찾아오시는 그런 교회가 되어야 하지 않겠습니까?

그런 교회가 되기 위해서는 하나님께 예배를 드리고 문안을 드리는

교회가 되어야 합니다. 기존의 예배는 그 형식과 절차를 잘 살펴보면, 예배가 아니라 목사님의 성경 강의 시간입니다.

하나님께 드리는 예배란 하나님을 찾아가서 하나님께 문안 인사를 드리는 것이며, 당연히 무릎을 꿇고 엎드려 큰절을 하여 인사를 드리면서 나의 믿음을 표현하며 보여드려야 합니다. 이것이 믿는 자로부터 하나님께서 받으시길 원하시는 예배입니다.

그래서 아래와 같은 제안을 드립니다.

하나님께 예배를 드리는 교회를 만들기 위해 예배당 내에 지성소와 성소를 예비하고, 다른 한편으로는 목사님의 설교, 성경 강의를 위한 교육실을 운영할 것을 제안합니다.

첫째, 하나님께 예배를 드리고 문안을 드려 하나님을 찾아뵙는 지성소, 성소가 있는 예배당으로서의 교회를 만들어야 합니다. 매월 첫날 그리고 주일마다, 하나님께 대한 나의 믿음을 표현하는 예배(fell to the ground, bow your heads before YHWH in worship)를 드린 후 하나님께 문안을 드리고, 기도해야 합니다.

예배는 곧 하나님께 대한 문안을 시작하는 인사이면서, 땅바닥에 무릎 꿇고 엎드려 예의를 갖추어 큰절을 드리는 것을 말합니다. 사람의 경우에도 아주 높은 사람을 찾아가서 인사를 드릴 때 큰절을 하여 인사를 올립니다. 또 조상에게 제사를 드릴 때도 큰절을 합니다. 그런데 하물며 천지만물을 지으신 지극히 높으신 아버지 하나님께 인사를 드리면서 어떻게 큰절을 하지 않을 수 있습니까?

목사님이 교인의 예배, 즉 큰절을 하고 문안을 드리는 행위를 하지 못하게 방해하고 있지는 않습니까? 만약 방해하고 있다면 얼마나 큰 죄를 저지르는지 돌이켜 생각해 보시면 좋겠습니다.

여기서 반드시 유념해야 할 점은 하나님은 지성소에 계시고, 예배를 하는 사람은 성소 바닥에 엎드려 예배하고 있는데, 예수님이 그 사이에 계시면서 대제사장이 되시어 중재하시는 역할을 담당하고 있다는 점입니다. 하지만 목사님은 대제사장도 아니고, 중재자도 아니라는 사실을 인지하여야 합니다.

둘째, 목사님의 성경 설교 또는 강의는 교육실, 설교실에서 하여야 합니다. 그리고 현재 시행하고 있는 각종 예배는 하나님께 대한 예배가 아니라 가르치는 사명을 받으신 목사님들의 성경 교육 시간임을 인정하고, 교인들에게 선포하여야 합니다. 그러면서 현재 시행하는 각종 예배는 성경 교육 시간으로 그대로 계속 시행하고, 찬양예배도 합니다.

셋째, 이를 위해 지성소와 성소를 갖춘 예배당과 교육실을 구분하여야 합니다. 예배당은 맨바닥에(의자 없이), 아무런 장식도 없이 준비합니다. 하나님께서는 정으로 쪼아 만든 돌로 제단을 만들지 말라고 말씀하셨습니다(출애굽기 20:25). 피조물인 사람이 창조주이신 하나님을 높이 받들면서 사람의 손으로 만든 그 어떤 것이든 그것이 예배의 도구로 사용된다는 것을 거부하시고 있다는 뜻입니다. 음악도 필요 없고, 미술품도 필요치 않습니다. 어떤 장식도 설치하지 않습니다.

반면에 교육실은 각종 시청각 교육 기기들과 의자를 준비합니다. 강의에 필요한 모든 수단이 필요합니다.

교회가 너무 협소하여 여유 공간이 없으면 상황에 맞게, 그러나 교회의 주목적 예배를 절대적으로 우선시하는 마음으로, 주일에는 예배당으로, 다른 날은 교육실로 겸용할 수도 있으리라고 봅니다.

이렇게만 하면, 목사님이 목회하는 교회에 삼위일체 하나님께서 찾아오실 것입니다. 하나님께서는 교인들의 문안 인사, 즉 예배를 기다리고 계십니다. 하나님께 얼굴을 보이기 위해 찾아온 믿는 사람을 하나님께서는 반가이 맞아 주실 것입니다. 비록 천막교회라 할지라도 은혜와 기적이 넘쳐날 것입니다.

모세가 예배드렸던 성막의 지성소는 6평이었고, 성소는 12평이었습니다. 지금 목사님의 교회보다 더 작고(겨우 18평이었습니다) 초라했었음을 기억하시기 바랍니다. 또 솔로몬 성전의 지성소, 성소의 면적도 70평에 불과하였습니다. 목사님의 교회가 비록 작은 교회라 할지라도, 예수님이 세우신 반석 위의 교회가 될 것입니다. 목사님께서 이 제안을, 하나님께 예배하고 기도로 여쭈어보게 되기를 간절히 소망합니다.

I

믿음을 표현하는 행위, 즉 예배가 Worship 입니다.

1. 믿음과 자아의 상관관계

세상 모든 관계(關係)의 기본은 믿음입니다.

어머니 아버지와 아들딸, 형제와 형제, 아내와 남편, 친구와 친구 이 모든 사람들 사이에 믿음이 있어야 더욱 돈독한 관계가 이루어집니다. 만약 이들 사이에 의심, 불신이 들어오면 관계 유지에 심각한 문제가 생기게 됩니다.

하나님과 나 사이에도 믿음이 있으면 하나님은 나의 하나님이 되시며, 나는 하나님이 사랑하시는 아들딸이 됩니다.

그러나 나의 마음속에 믿음이 없으면 어떤 관계도 성립되지 않습니다.

나의 마음속에 하나님에 대한 믿음이 없으면 하나님과 나는 무관(無關)한 사이가 됩니다. 믿음이 없는 자가 아무리 하나님께 부르짖어도 하나님의 응답은 없습니다. 부모, 아들딸, 형제자매, 친구, 모든 관계에서 믿음이 없으면 그것이 피를 나눈 혈연관계라 할지라도 불신하는 사이가 되고, 서로 멀어져 가게 됩니다. 결국에는 무관(無關)한 사이와 다름없게 됩니다.

그러면 믿음이란 무엇인가 살펴봅니다. 믿음이란 "상대방의 말을 듣고 믿는 것이며, 또 행위를 보고 믿는 것"입니다. 상대방 말을 듣고 믿는 것은 '말 이후에 따라오는 행위가 말과 동일할 것이다'라는 믿음이 생기게 되어 믿는 것이며, 또 행위를 보고 믿는 것은 비록 말이 없었더라도 행위에 믿음이 가서 믿게 되는 것을 말합니다.

결국 믿게 되면 두 마음이 한마음이 되게 됩니다. 몸은 다르지만 마음은 하나가 됩니다. 이것이 이체동심(異體同心)이요 믿음입니다.

이러한 믿음에는 그 뒤 배경에 어떤 촉매제가 있어야 그것이 믿음으로 승화됩니다. 부모 자식 사이에서는 같은 계열의 DNA를 가지고 낳아 주셨다는 배경이 있기에 이를 통하여 믿음이 생깁니다. 남편과 아내 사이에는 사랑이라는 매개체가 있어서 사랑이 승화되어 믿음이 생성됩니다. 형제자매 사이에서도 같은 부모를 가졌다는 매개체가 있어서 믿음이 생깁니다.

마찬가지입니다. 하나님과 나 사이에 믿음의 매개체는 성경 속 하나님 말씀입니다. 하나님에 대한 믿음은 성경에 기록된 하나님의 말씀과 그 독생자 예수님의 말씀, 그리고 대속 이야기를 전해 듣고, 또는 내가 입으로 읽고 귀로 들음으로 말미암아 나의 마음속에 믿음이 생기게 됩니다.

그러므로 믿음은 들음에서 나며 들음은 그리스도의 말씀으로 말미암았느니라 (로마서 10:17)

결국 믿음은 사람의 마음속에서 상대방을 받아들이느냐 아니면 받아들이지 아니하느냐의 문제이며, 그 결과물입니다. 그러면 여기에서 사람의 마음속에서 그것을 판단하는 주체는 무엇일까요. 그것이 바로

"자아"입니다.

　아담이 에덴동산에서 하나님께서 먹지 말라고 금지하신 선악과를 먹음으로 말미암아 아담의 DNA에 원죄로 들어온 것이 "자아"입니다. 자아는 선과 악을 구분하는 능력입니다. 어떤 것이 선인지, 어떤 것이 악인지 구분하는 능력이 자아입니다. 그러나 불행하게도 선과 악을 구분하는 기준이 절대적 가치가 아니라 상대적 가치인 것이 문제입니다. 왜냐하면, 그것이 만약 절대적 가치 기준이라면 서로 옳고 그름을 다툴 필요가 없을 것입니다. 하지만, 상대적 가치 기준이라서 문제가 되고, 항상 다툼의 원인이 됩니다.

조금 나아가서 얼굴을 땅에 대시고 엎드려 기도하여 이르시되 내 아버지여 만일 할 만하시거든 이 잔을 내게서 지나가게 하옵소서 그러나 나의 원대로 마시옵고 아버지의 원대로 하옵소서 하시고 (마태복음 26:39)
다시 두 번째 나아가 기도하여 이르시되 내 아버지여 만일 내가 마시지 않고는 이 잔이 내게서 지나갈 수 없거든 아버지의 원대로 되기를 원하나이다 하시고 (마태복음 26:42)
이르시되 아버지여 아버지께는 모든 것이 가능하오니 이 잔을 내게서 옮기시옵소서 그러나 나의 원대로 마시옵고 아버지의 원대로 하옵소서 하시고 (마가복음 14:36)

　자아와 믿음은 항상 다툽니다.
　예수님도 자아, 즉 마음은 십자가에서 달려 죽임을 당하시는 것이 너무 무섭기도 하시고 고통스럽고 싫으셔서 하나님께 말씀을 드립니다. "하나님 저는 싫습니다. 너무 고통스럽습니다. 제가 하지 않으면 안 될까요."라고 말씀하고 계십니다. 그러면서도 하나님을 믿으니 아버지 하나님 뜻에 따르겠다고 하십니다.

자아는 100% 거부하고 있지만 자아를 버려 0%로 만들고, 믿음을 100%로 하여 하나님 원대로 합니다. 이것이 믿음입니다.

다시 말하면 자아와 믿음은 항상 다투는 관계인데, 자아가 100%이면 믿음 0%가 되고, 자아가 0%이면 믿음 100%가 됩니다. 그러므로 믿음 생활이란 늘 자아를 죽이고 믿음을 키우는 노력을 기울이는 생활을 말합니다. 사람은 자아를 0%로 만들 수 없을뿐더러, 스스로의 절제와 노력으로 자아의 비중을 줄이기에는 한계가 있을 수밖에 없습니다. 자아의 비중을 줄일 방법은 오직 하나, 하나님께 기도하는 방법밖에 없습니다. 불교의 해탈(解脫), 즉 무념무상(無念無想) 자아가 없는 무아(無我) 상태는 사람의 능력으로 스스로는 도달할 수 없는 경지일 뿐입니다.

그래서 믿음으로 하나님께 기도해야 합니다. 하나님께서는 나에게 좋은 것으로 채워주신다는 믿음을 가지고 기도할 때 자아의 비중이 줄어들고 하나님께 의지하는 믿음의 비중이 커지게 됩니다.

9 너희 중에 누가 아들이 떡을 달라 하는데 돌을 주며 10 생선을 달라 하는데 뱀을 줄 사람이 있겠느냐 11 너희가 악한 자라도 좋은 것으로 자식에게 줄 줄 알거든 하물며 하늘에 계신 너희 아버지께서 구하는 자에게 좋은 것으로 주시지 않겠느냐 (마태복음 7:9-11)

"믿음을 주시옵소서"라고 기도하는 것이 아니라, "내 뜻대로 하지 마시옵고, 하나님 아버지 뜻대로 하게 하여 주시옵소서"라고 기도해야 합니다. 그래야 자아의 비중이 작아지고 믿음의 비중이 커지게 됩니다.

2. 하나님께 대한 나의 믿음을 표현하는 방법

사람은 자기의 마음을 세 가지 방법으로 표현하고 전달합니다.

첫째는 눈으로 마음을 전달합니다.

매서운 눈초리, 미워하고 증오하는 눈초리, 원망하는 눈초리, 두려움에 가득 찬 눈초리가 있는가 하면, 아무런 마음 없는 공허한 눈초리도 있지만, 사랑이 충만한 눈초리, 간절히 무언가 구하는 눈초리, 불쌍히 여기는 눈초리, 존경과 두려움이 함께하는 눈초리, 그리고 한없이 신뢰하는 믿음의 눈초리도 있습니다. 하나님을 향한 나의 눈에는 하나님 한 분만을 한없이 경외(敬畏)하는 마음이 충만함을 담아 눈으로 마음을 전달합니다. "하나님, 경외(敬畏)하며 믿습니다."라고 눈으로 말합니다.

둘째는 내 입술에서 나오는 나의 말을 통하여 나의 믿음을 표현합니다.

아무리 눈 속에 믿음과 사랑이 가득해도 그것을 입으로 말하여 표현하지 않는다면, 상대방이 알 수 없을 것입니다. 말에는 힘이 있습니다. 말을 해야 역사가 일어나고, 말을 해야 상대방이 나의 마음을 알 수 있게 됩니다.

사람이 마음으로 믿어 의에 이르고 입으로 시인하여 구원에 이르느니라
(로마서 10:10)
누구든지 사람 앞에서 나를 시인하면 나도 하늘에 계신 내 아버지
앞에서 그를 시인할 것이요 (마태복음 10:32)

셋째는 행위로 믿음을 표현합니다.

마음으로 믿고, 입으로 시인하고, 믿고 시인한 대로 행동하여 하나님께 믿음을 표현해야 합니다.

그들이 하나님을 시인하나 행위로는 부인하니 가증한 자요 복종하지
아니하는 자요 모든 선한 일을 버리는 자니라 (디도서 1:16)
자녀들아 우리가 말과 혀로만 사랑하지 말고 행함과 진실함으로 하자
(요한1서 3:18)
사람의 행위를 따라 갚으사 각각 그의 행위대로 받게 하시나니
(욥기 34:11)

하나님께 대한 믿음의 표현은 내 마음대로 내 뜻대로 표현을 하는 것이 아니라, 나의 자아를 버리고, 하나님께 대한 믿음만 꽉 차게 하여, 하나님께서 원하시는 대로 표현하여야 합니다. 그러면 하나님께서는 우리가 어떻게 하는 것을 원하실까요. 하나님께서 원하시는 말씀대로 하면 됩니다.

하나님께서 말씀하시기를 너희 모든 남자는 매년 세 번씩 주 야훼께
보일지니라 (출 23:17, 출 34:23)
야훼가 말하노라 매월 초하루와 매 안식일에 모든 혈육이 내 앞에
나아와 예배하리라 (이사야 66:23)

하나님께서 원하시는 것은,

우리가 하나님을 찾아가서 우리의 얼굴을 보여 드리는 것을 원하시는데 찾아 뵙는 것이 첫 번째 행위요, 하나님 면전에 나아가서 큰절을 드려 인사를 올리는 것이 두 번째 행위이며, 큰절을 드려 예배한 후

하나님 앞에 앉아 문안을 드리고 주시는 말씀을 듣는 것이 새 번째 행위입니다.

그리 함으로서 하나님께 대한 믿음의 표현을 다 하였다고 할 수 있습니다.

하나님 앞에 나아가서 큰절(예배)을 하고 문안을 드리는 행위를 하지 않는다면 그는 하나님을 믿는다고 하나님으로부터 인정을 받을 수 없으며, 아무리 입으로 주여 주여 한다 할지라도 그는 하나님의 자녀가 아닙니다. 지금 교회에서 드리는 각종 예배에 아무리 많이 참석을 하더라도, 하나님께 대한 예배가 없는 그 모임은 성경공부 모임에 다름이 없습니다.

II

목사는 성경 설교를 주일예배라고 오도 (誤導)하고 있고, 목사의 오도를 따라가는 교인의 주일예배는 설교듣기입니다.

1. 하나님을 찾아뵙고 문안 인사를 드릴 때, 먼저 예배를 드려야 합니다.

하나님께서 말씀하시기를 너희 모든 남자는 매년 세 번씩 주 야훼께

보일지니라 (출 23:17, 출 34:23)

야훼가 말하노라 매월 초하루와 매 안식일에 모든 혈육이 내 앞에

나아와 예배하리라 (이사야 66:23)

예배를 하기 전에 먼저 해야 할 행위는 "내 앞에 나아와", 즉 하나님을 찾아와서 뵙는 행위가 먼저입니다. 하나님을 찾아뵙는다고 하면 당연히 두렵고, 긴장이 되고, 옷차림부터 세심하게 준비하지 않을 사람이 누가 있겠습니까. 누구든지 목욕하고 머리를 다듬고 또 마음도 경건하게 가지려고 노력할 것입니다. 이런 마음 자세로 하나님 앞에 나아 갑니다. 우리의 몸과 영혼을 정결하게 할 수 있는 방법을 하나님께서 우리에게 알려 주셨습니다. 그러므로 우리는 하나님께서 알려

주신 말씀대로만 하면 됩니다.

예수님이 이 땅에 오시기 이전 BC 4114년~BC 0년 옛날, 구약 시대에서는 우리의 몸과 마음을 그리고 영혼을 죄 없는 몸과 마음으로, 정결한 몸과 마음으로 만들기 위해 번제를 드리도록 하셨습니다. 정결한 양을 죽여 피를 제단에 뿌리고 번제단에서 고기를 태워 그 향기를 하나님께 올림으로 우리의 몸과 마음을 죄 없는 상태로 만들고 난 후 하나님께 나아갔습니다.

그러나 AD 33년 예수님이 이 땅에 오셔서 번제물이 되어 주시고, 우리의 죄를 용서받게 하여 주시기 위해 예수님의 피와 살을 바침으로 우리의 몸과 영혼을 정결케 하셨기에, 이제는 이 사실을 믿는 사람은 누구든지 예수 그리스도 이름을 앞세우고 하나님 앞으로 나갈 수 있는 자격이 생기게 되었습니다.

하나님 앞에 나아왔습니다. 하나님께서 나의 얼굴을 보고 계십니다. 너무너무 거룩하시고 거룩하셔서 감히 고개를 들어 쳐다볼 수조차 없습니다. 아니 눈에 보이지도 않는데 뭐가 그리 두려우냐고요? 두렵지요. 육신의 눈에는 보이지 않지만, 마음의 눈, 영혼의 눈에는 내 앞에 살아계신 하나님을 보고 있으니까요.

지금 여러분들의 교회에서 소위 대성전이라고 칭하는 공간에 들어갈 때 여러분들은 두려움과 경건함, 하나님의 눈초리를 느끼고 있습니까?

물로 몸을 씻어 온몸을 깨끗하게 하고 예배를 드립니까?

너희 육체는 동물의 육체와 같은 성분으로 구성되었기 때문에 물이 없이는 살 수 없을 것이다. 그리고 이 물에 의해 죄를 씻음 받은 너희 후손들 중에 정의로운 자들은 구원받을 것이다. (아담과 이브의 생애에서)

또 예수님의 보혈의 은혜와 대속하여 주심에 감사하는 마음으로 그리고 믿음으로 하나님께 앞에 나아갑니까?

아담은 낙원의 정문이 보이는 서쪽 산에 올라가 몸을 던진다. 그런데 죽지는 않고 피를 흘려 그 피가 바위와 모래 위에 뿌려졌다. 아담은 그 피가 자신의 생명이라 생각하고 피 묻은 모래를 떠다가 바위 위에 얹고 하나님께 기도했다. 이 피를 대신 받고 자신의 죄를 용서하라고. 하나님이 그 피를 보고 놀랐다. 그리고 시키지도 않았는데 자신의 피를 바치는 아담의 행위를 기특하게 생각하신 하나님이 새로운 약속을 하신다. "네가 피를 바쳤듯이 나도 훗날 내 피를 바쳐 죄 사함의 기틀을 마련할 것이다. 그러나 너와 너의 후손은 약속한 세월을 다 살아야 광명의 세계에 들 것이다. 그때까지 내가 너희를 보살필 것이니 용기를 가지라. 그리고 다시는 자살을 시도하지 말라." (아담과 이브의 생애에서)

물로 씻고 대속의 은혜로 나아가는 것은 믿는 사람의 자격에 관한 것이고, 결국에는 하나님 앞에서 큰절을 하여 인사를 올리고 문안을 드리는 것이 예배의 본질입니다.

이와 같은 본질을 지키고 유지하는 사람이 되기를 간절히 바랍니다.

2. 인사 예절의 종류

내 앞에 하나님께서 계십니다.

먼저 인사를 드려야 하는데, 어떤 인사를 드려야 할까요. 이 세상에서 사람들이 행하는 인사 예절에는 어떤 종류들이 있을까요. 인사 예절에는 다음과 같이 3종류로 구분이 가능합니다.

첫째, 말이나 편지로 하는 인사법으로 "안녕하세요." "오랜만입니다." 등등이 있습니다. 이는 자신과 대등한 관계의 사람 또는 멀리 떨어져 있는 사람에게 인사하는 방법입니다.

둘째, 행동, 행위로 하는 인사로서 서서 고개만 숙이는 묵례, 친분이나 또는 연장자에 대한 예의로서 허리를 굽혀 절하는 인사법으로 허리를 굽히는 각도의 크기 15도~90도로 존중의 경중을 표현합니다. 보통 사람에게 하는 인사법입니다.

셋째, 인사법 중에서 가장 존경과 경의를 표하는 인사법은 큰절입니다. 큰절은 실내에서 하는 것이 보통이지만 만약 밖에서 한다면 바닥에 자리를 깔고 하게 됩니다. 큰절은 상대의 정면에 서서 양손을 바닥에 짚고 무릎을 꿇어 이마가 바닥에 닿을 만큼 엎드려 절합니다. 땅바닥에 머리를 댄다는 뜻은 사람의 머리, 곧 자아를 땅바닥까지 떨어뜨리고, 인사를 받는 분에게 복종한다는 뜻을 내포하고 있습니다.

욥이 일어나 겉옷을 찢고 머리털을 밀고 땅에 엎드려 예배하며
fell to the ground in Worship (욥기 1:20)
야훼께서 마므레의 상수리나무들이 있는 곳에서 아브라함에게 나타나시니라 그가 그들을 보자 곧 장막 문에서 달려나가 영접하며 몸을 땅에 굽혀 이르되 내 주여 내가 주께 은혜를 입었사오면 (창세기 18:1-3)
조금 나아가사 얼굴을 땅에 대시고 엎드려 bowed their heads and Worship 기도하여 이르시되 내 아버지여 만일 할 만하시거든 이 잔을

내게서 지나가게 하옵소서 그러나 나의 원대로 마시옵고 아버지의 원대로 하옵소서 하시고 (마태복음 26:39)

이러한 인사법이 있는데, 성도님은 하나님께 어떤 인사법으로 문안 인사를 드리시겠습니까? 당연히 큰절로 인사를 드려야겠지요.

큰절이 바로 예배입니다.

3. 하나님께 드리는 인사 예법의 변천사

올해도 어김없이 추석이 왔습니다. 음력 8월 15일, 민족 최대의 명절입니다. 농자천하지대본(農者天下之大本), 예로부터 농사가 가장 중요한 일이었고, 그래서 지금까지 사람들에게 가장 중요한 연중 최대 명절이 되었습니다. 가을 추수를 끝내기 전에 햅쌀로 만든 별미 송편과 햇과일을 진설하고 조상들께 감사의 마음으로 차례를 지냅니다. 일가친척이 본가 또는 산소에 모여 함께 차례를 지내고 성묘를 합니다. 이때 반드시 들어가는 절차로 조상신에게 큰절을 올립니다. 물론 정월 초하루 날에도 세배를 드리는데 집안의 어른들에게 큰절을 올려 새해 인사를 드립니다.

큰절을 하는 행위는 창세 때 아담이 하나님께 올려 드렸던 예법 중 큰절, 곧 예배가 그 시초입니다. 아담, 가인, 아벨, 셋 그리고 노아, 노아 아들 셈, 함, 야벳으로 이어지는 혈통 따라 하나님께 드리는 예법으로 예배 곧 큰절은 면면히 이어져 왔습니다. 그래서 모세가 광야 시내산에서 하나님으로부터 십계명을 받을 때도 예배를 드리고 있었음을 성경 기록을 통하여 알 수 있습니다.

3 너는 나 외에는 다른 신들을 네게 두지 말라 4 너를 위하여 새긴 우상
을 만들지 말고 또 위로 하늘에 있는 것이나 아래로 땅에 있는 것이나
땅 아래 물속에 있는 것의 어떤 형상도 만들지 말며 5 그것들에게
절하지 말며 그것들을 섬기지 말라
You shall not bow down to them or worship them.
나 네 하나님 여호와는 질투하는 하나님인즉 나를 미워하는 자의 죄를
갚되 아버지로부터 아들에게로 삼사 대까지 이르게 하거니와
(출애굽기 20:3-5)

하나님께서 우상에게 절하지 말라고 말씀하고 계십니다. 이를 하나
님 마음으로 읽어보면, 나 하나님에게만 절하라는 말씀입니다.

하나님께서도 인사를 받으실 때 반드시 큰절을 하는 행위로 인사를
받기 원하셨습니다. bow down은 이마가 바닥에 닿도록 엎드려 절
하는 행위를 말하며, 한국어로 번역할 때 예배라고 번역하였습니다.

Worship은 역시 예배라고 번역하는데, 하나님께 복종·순종하는
믿음을 보여 주는 행위를 말합니다. 그 행위는 당연히 bow down과
동일한 행위입니다.

아담부터 모세 여호수아에 이르기까지 또 아브라함에서 요셉까지
큰절을 올리는 예법이 지속되어 왔습니다.

그러다가 출애굽 시기를 지나, 세월이 흘러 이스라엘은 사울왕이
들어서고 말라기까지 왕정 시대와 사사 시대를 거치면서 우상숭배가
기승을 부리고, 전쟁과 포로 시대를 거치면서 이스라엘 사람들은 하
나님으로부터 멀어져 갔고, 차츰차츰 꿇어 엎드려 큰절을 하는 예배
가 사라지게 되었습니다. 그 후 약 400년 동안의 중세 암흑 시대를
지나고 로마 시대를 지나면서 예배는 완전히 흔적을 찾아볼 수 없게
되었고, 오히려 야벳의 후손인 백인들의 입식 문화가 셈의 후손 유대

인들의 좌식 문화에 섞여들면서 예배가 완전히 사라지게 되었습니다.

그나마 극동 아시아 방면으로 흘러 흘러 이주해 온 샘의 후손들이 좌식 문화를 유지하고 있었는데, 하나님으로부터 방기(放棄)되어 온 이방인으로서 하나님에 대한 신앙은 잊어버렸지만, 꿇어 엎드려 큰절을 하는 인사법은 전래되어 유지되고 있었습니다.

현대에 들어와서 성경이 미국 등 백인 사회를 경유하여 한국 땅에 들어오게 되면서, 이 땅에서도 변질된 예배법이 들어오게 되었습니다. 백인 선교사들은 그들의 예법에 따라 그리고 성막예배가 아닌 설교 중심의 예배를 이 땅에 가지고 들어왔습니다. 그러다 보니 자연스럽게 교회에서 꿇어 엎드려 큰절을 하는 예배는 전혀 고려의 대상이 되지 못하였습니다.

한국인의 조상에 대한 제사법과 충돌이 생기게 되었고, 조상신 또는 다른 신에게 절하지 말라는 십계명 말씀만 강조가 되었습니다. 다른 신에게 절하지 못하게 한 것은 정말 옳은 일이었는데, 문제는 이로 인하여 하나님께도 절하지 않는 나쁜 관례가 생기게 되었다는 점입니다.

이는 완전히 사탄의 계략에 빠진 것이라 아니할 수 없습니다.

사탄이 말합니다. "나에게 절하지 말라고 했느냐. 그러면 하나님께도 절하지 못하게 막겠노라."라고 말하고 있습니다.

이제는 돌이켜야 할 때입니다. 바로 잡아야 합니다. 꿇어 엎드려 큰절을 하는 예배를 하나님께 드려야 할 때가 왔습니다.

비록 외국 선교사들은 입식 문화에 익숙하여 큰절을 하는 예배를 몰라서 그랬다 하여도, 한국의 목사님들이나 교인들은 하나님께서 받으시기 원하시는 예배로 돌아가야 합니다.

4. 예배 변천사

하나님을 찾아뵙고 문안 인사를 드리며 기도하는 예배는 시대에 따라 변하여 왔습니다. 처음 아담이 드렸던 예배로부터 시작되어, 사람들의 자기 생각과 욕심, 왕 또는 지도자들의 과시 욕심 그리고 정치 환경 등등으로 예배가 조금씩 조금씩 변화되어 왔습니다. 그리하여 결국에는 처음 예배와 현재의 예배는 매우 다른 형태를 띠게 되었습니다.

가장 대표적인 변화로는, 구약 시대 예배에서는 하나님 앞에 나아가면 당연히 예배, 즉 이마가 땅에 닿도록 꿇어 엎드려 큰절을 하면서 하나님께 인사를 올려 드렸습니다. 이 행위가 예배였습니다. 그런데 세월이 많이 흐른 후 지금에 와서는 어느 누구도 구약 시대와 같은 행위로 하나님께 예배를 드리지 않습니다.

왜 이렇게 변하였을까요.
시대별로 어떻게 예배를 드렸는지 살펴봅니다.

■ 1) 아담부터 아브라함 시대 까지

아담의 아들 가인과 아벨은 제단을 쌓고 제물을 가지고 제사를 드렸습니다.

에녹은 하나님과 끊임없는 교제 속에서 하나님과 동행하면서 하나님을 예배하였습니다(창세기 5:22). 아브라함은 장막을 옮길 때마다 여호와를 위하여 제단을 쌓았고(창세기 12:9, 13:4, 13:18 21:34) 이삭은 아브라함으로부터 하나님께 예배하는 것을 배워 제단을 쌓았으며(창세기 26:24-25), 야곱은 벧엘에서 돌 단을 쌓고 거기서 하나님께 예배하였습니다(창세기 28:18-22).

그 형식은 희생 제사(sacrifice)와 기도(prayer)였습니다.

물론 인사를 드리는 예법은 예배, 즉 이마가 땅에 닿도록 꿇어 엎드려 큰절을 하는 예법이었습니다.

■ 2) 출애굽 시대(모세 시대)

아담부터 아브라함 시대까지 예배가 개인과 가정적 차원에서 행해졌다면, 모세 이후 시대의 예배는 그 범위가 확대되어 민족적 차원에서 실시되었습니다. 그만큼 하나님께서 아브라함에게 복을 주사 유대인의 숫자가 엄청 늘었기 때문입니다.

하나님께서 모세에게 성막과 제사장과 제사에 관한 제사법을 계시하심으로써 예배 절차가 마련되었고 예배의 형식이 제도화되었습니다. 성막이 완성되기 전에 하나님께 대한 예배는 회막(tent of meeting)에서 실시되었고(출애굽기 33:7 이하), 성막이 완성된 후에 예배는 성막에서 드려졌습니다.

성막예배는 번제단, 물두멍, 성소, 지성소로 이어지는 예배(제사)로서 역시 하나님께 대한 복종, 순종 그리고 믿음의 마음을 담아 이마가 땅에 닿도록 꿇어 엎드려 큰절을 함으로써 예배가 시작됩니다.

전지전능하신 주님 아버지 하나님 앞에 나아가면서 하나님께 큰절을 올려 인사를 드림은 너무나도 당연한 절차입니다. 이 절차는 굳이 말하지 않아도 반드시 있어야 할 절차입니다.

■ 3) 사사 시대

이스라엘 민족이 가나안 정착 이후 이스라엘의 예배는 혼란에 빠졌습니다.

지금까지 드렸던 성막예배가 가나안의 토착 종교인 바알 종교(Baalism)의 영향으로 차츰 타락하게 되었고 예배와 의식들도 타락되어 갔습니다.

조금씩 조금씩 예배가 변질되어 우상을 숭배하는 행위가 성막예배 절차에 섞여들게 되었습니다. 그때마다 사사들은 모세 시대의 예배로 복귀할 것을 주장하였습니다.

사사들의 모세 시대 예배로 돌아가자는 주장은, 다른 말로 표현하자면, 사사 시대의 예배는 성막예배에서 많이 벗어나 있다는 이야기가 됩니다. 그만큼 예배가 변질이 되었다는 증거입니다. 당연히 하나님으로부터 질책을 받을 수밖에 없었을 것입니다.

■ 4) 통일 왕정 시대

왕정이 시작되면서 이스라엘의 예배에 획기적인 변화가 일어났습니다.

예배의 중심 장소는 성막 대신에 솔로몬에 의해 건립된 성전(temple)으로 바뀌었고, 3대 절기인 유월절, 초막절, 칠칠절에 백성들은 십일조와 희생 제물을 준비하여 성전에 모여야 했고 예배에는 더욱 인간적인 요소들이 추가되었습니다.

예배는 음악, 독창, 축송, 환성, 춤, 행렬, 기도, 악기 연주, 설교 그리고 선조들에 대한 회상, 간구, 약속, 신앙고백, 봉헌, 거룩한 식사, 정결 예식 등으로 진행되었습니다.

성막예배와 현저한 차이로는 전문적인 음악가의 지휘 아래 훈련된 성가대가 장엄한 음악을 준비하여 예배 절차에 삽입시켰고, 예배에 사용된 시와 노래로 찬양과 감사를 드렸다는 것입니다.

이때부터 하나님께 대한 예배의 의미가 퇴색되기 시작하였고, 하나님보다 사람의 행위가 더 강조되는 예배로 변질되기 시작하였습니다.

성막예배 형식이 점차 사라지게 되고, 사람들은 자기 자신이 원하는 방법으로 예배 형식을 정하여 하나님께 예배를 받으라고 강요하는 주객이 전도되는 불경죄를 저지르게 됩니다. 이때부터 이스라엘에 고난이 닥쳐옵니다.

■ 5) 분열 왕국 시대

제사 의식이 중심이 되었던 예배는 차츰 형식화되기 시작하여 그 본래 뜻을 상실해 버림으로써 차츰 변질되고 타락하게 되었고 성전을 건축한 솔로몬조차도 통치 말기에는 예루살렘에서 이방 신을 섬기는 지경에 이르게 되었습니다.

많은 왕들이 한낱 형식주의에 빠진 예배를 드리게 되자 하나님은 여러 예언자(이사야, 미가, 아모스, 호세아)를 통해 왜곡되고 타락된 예배를 지적하셨고 진정한 예배에 대한 복고적 자세를 말씀하셨습니다. (이사야 1:10-17, 아모스 5:24, 미가 6:8, 호세아 6:6).

그러나 예언자들의 이러한 경고는 예배의 폐지가 아니라 예배의 성실한 준행을 위함이었습니다. 그리하여 주전 8세기 이후 예배에 대한 개혁 운동은 요시야왕과 예레미야, 에스겔에 의해 계속 일어났습니다.

그러나 하나님께서 원하시는 성막예배의 기본에 미치지 못하였습니다.

■ 6) 포로 ~ 귀환 시대(회당 예배)

남북 왕국 멸망 이후 바벨론에 포로로 잡혀간 유다는 더 이상 성전 예배를 드릴 수 없게 되었습니다. 이제 성전에서 예배드리는 것은 불가능하였습니다. 이에 따라 다른 방법의 예배가 필요하게 되었는데 그것이 곧 회당예배였습니다.

성전예배에서 드리던 희생 제사가 예배에서 사라지게 되었습니다. 성전에서 매일 드리던 제사 대신에 정규적인 기도 시간이 아침, 오후, 저녁에 행해짐에 따라 예배 역사상 처음으로 희생 제사와는 근본적으로 다른 기도예배가 나타나게 된 것입니다.

회중은 희생 제물을 바쳐야 하는 성전예배 대신 회당(Tent of Meeting)에서 개인적으로 또는 단체로 매주 또는 매일 예배할 수 있게 되었으며 회당은 각 지역 상황에 적합한 지역 교회(local church)로 발전하게 되었습니다.

회당예배의 주요 순서는 회당예배의 중요한 내용으로 성경을 읽고 해석하는 것인데 성경 낭독과 해석, 유대교 신조와 쉐마(신명기 6:4-5) 암송, 시편과 십계명과 축도와 아멘의 사용, 기도, 성결의 기도 등이 있었습니다.

그렇게 되어 현대에서 드리는 예배의 형식이 시작되게 되었습니다.

■ 7) 사도 시대 ~ 현대 예배까지

성막예배, 땅에 엎드려 야훼께 예배하는(Fell to the ground, bow your heads before YHWH in worship) 형식이 완전히 사라졌습니다. 하나님께서 받으시기 원하셨던 예배는 사라지고, 사람들이 스스로 예배 형식을 만들고, 좋아하고 만족해하는 예배 형식으로 예배를 드리게 되었습니다.

사도 시대의 예배는 차츰 구약식 예배에서 탈피하여 새로운 기독교적 예배를 구성하고 전개되었습니다. 이때 드린 예배로는 성전예배, 회당예배, 그리고 가정예배가 있었습니다.

예배의 내용으로는 성경봉독, 찬송, 기도, 봉헌, 회중의 아멘 화답, 신앙고백, 설교, 떡을 나눔, 성찬, 세례 등이 있었습니다.

랍비, 목사의 설교가 예배의 중심이 되었고, 성경 말씀을 얼마나 많이 암송하고 있는지 개인적 능력이 중시되는 예배로 변하게 되었습니다.

이상과 같이 예배가 시대를 따라 어떻게 변화되어 왔는지 살펴보았습니다.

성막예배의 절차는 하나님께서 원하셨던 절차였는데, 세월이 흐르면서 너무나도 많이 변질이 되고 말았습니다. 하나님의 입장으로 보면, 성경 어디에도 성막예배 절차를 바꾸라고 말씀하신 기록이 없습니다. 다만, 번제단에서 희생 제물을 태웠던 절차 대신에 예수님을 이 땅에 보내시고 십자가에서 대속 제물로 바쳐지게 하심으로 번제단 절차를 대체하신 것 하나만 바꾸셨습니다.

물두멍에서 손을 씻어 죄를 씻게 하심과 성막에 들어가서 하나님께 큰절을 올려 문안 인사를 드리게 하심도 성막예배 그대로였습니다.

그러므로 이제는 원래대로 돌아가야 합니다.

성막예배로 돌아가야 합니다.

하나님께서 성막예배를 원하시고 또 땅에 엎드려 예배하는 예배자를 기다리시고 계십니다.

5. 예수님 오시기 이전 구약시대 성막예배 절차

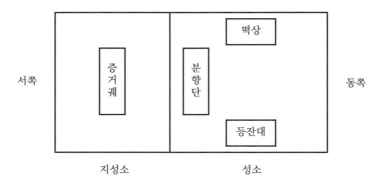

구약시대 성막 예배 절차입니다.

① 목욕재계하고 제물(양, 염소 등등)을 준비하여 성막 문에 들어간다.

② 번제단에서 제물의 머리에 예배자의 모든 죄를 전가시키고(안수), 제물을 죽인다. 제물은 예배자가 스스로 죽이고, 각을 뜨고, 피와 살을 제사장에게 넘기면, 제사장이 받아서 피를 번제단에 바르고 살을 태워 그 향을 하나님께 올린다. 예배자가 제물을 죽일 때 칼로 단번에 죽일 수 없어 몇 차례 칼로 찔러야 하니 번제단 주위는 항상 피가 마르지 않고, 죽이는 예배자도 온몸이 피투성이가 될 수밖에 없다.

③ 물두멍에서 예배자는 손을 씻고(죄를 씻고), 성소에 들어가서 하나님께 예배드린다. 예배자는 분향단 앞에 꿇어 엎드려 이마가 바닥에 닿도록 큰절을 하여, 하나님께 인사를 올려 드린다. 제사장이 예배를 도와준다.

④ 예배를 마친 후 하나님께 문안을 드리고, 모든 죄를 용서받은 후, 기도하고 물러 나온다(제사 끝).

신라, 백제, 고구려, 고려, 조선 시대 그리고 대한민국, 모든 시대를 통틀어 5천 년 역사 동안 우리 민족이 조상에 대한 제사를 지낼 때도 하나님께 대한 제사법과 매우 유사한 절차로 제사를 드렸음을 알 수 있습니다. 지금 이 시대에서도 병원 영안실에서 장례 절차가 진행되고 있고, 또 각 가정에서도 조상에 대한 제사를 지내고 있으며, 때로는 조상을 모셔둔 산소에 가서 제사를 드리기도 합니다.

모든 경우의 제사에서도 앞에는 제단을 마련하여 두고, 각종 제물을 올립니다. 그리고 제사를 지내는 사람은 제단 앞에서 저승에 간 조상에게 큰절을 합니다. 반드시 큰절 두 번에 반절 한 번 합니다. 이 절차가 대대로 이어져 온 절차입니다. 다 함께 생각해 볼 것은, 왜 성소의 분향단 앞에서 하나님께 절하는 절차와 전래적인 조상신에게 절하는 절차가 매우 유사한지를 성찰하여 보아야 합니다.

그 이유는 아담 이후 하나님께 제사를 올리는 절차가 사람들의 마음속에 각인되어 있었기 때문에, 비록 하나님으로부터 멀리멀리 떠나 하나님을 망각하고 살아갔던 우리의 조상들조차도 잠재된 의식 속에서 하나님께 드렸던 제사 절차를 기억하고 있었기 때문에 본인들의 조상 제사에 동일한 절차를 행하였다고 봅니다.

어찌 되었든지 간에 우리가 이 두 가지 제사 절차에서 기억하고 행위로 옮겨야 할 중요한 것은 하나님 면전에 나아가서 하나님을 뵈올 때는 반드시 큰절을 하여 하나님께 인사(예배)를 드려야 하고, 인사(예배) 후 문안을 드려야 한다는 점입니다.

그리고 큰절을 하는 횟수도 조상신에게 두 번 반 했다면, 하나님께는 당연히 그 이상의 횟수로 절을 하여야 하리라 생각합니다.

또 한 가지 유념할 점은 성막예배에서는 제사장이 있어 예배를 도와주고 있었다는 점입니다. 하나님의 허락이 없이 성소에 들어갈 수 없었기 때문에 반드시 제사장의 인도를 받아야만 했습니다. 참고로 제사장의 인도는 예수 그리스도가 십자가에서 죽으실 때 "다 이루었다" 하시는 순간, 성소의 휘장이 위로부터 갈라졌고, 그때부터 제사장의 도움 없이도 예수님 이름만 부르면 성소로 들어갈 수 있게 되었다는 사실을 마음으로 믿고, 입으로 시인하며, 행위로 행하여야 합니다.

6. 바벨론 포로 시대부터 현대까지 목사 설교 중심의 회당예배 절차

지금 교회에서 행해지고 있는 예배의 절차입니다.

(약간의 차이는 있을 수 있지만 거의 모든 교회의 예배 절차가 유사합니다.)

예배로 부르심(2분)   성경 요절 낭독 사회자
찬송(1분)   찬송가 1장   다 같이 일어서서
신앙고백(1분)   사도신경 암송   다 같이 일어서서
찬송(4분)   찬송가   다 같이 앉아서
대표기도(3분)   기도자(장로)
성경봉독(2분)   (설교의 주제 관련)   사회자
찬양(4분)   찬양대(성가대)
설교(40분)   (설교, 기도)   설교자(목사)
성찬(4분)   설교자(목사)
신유기도(2분)   설교자(목사)
기도와 결신(2분)   설교자(목사)
헌금기도(4분)   기도자(안수집사)
광고(2분)   사회자
찬송(3분)   (주기도문 찬송) 다 같이 일어서서
축도(2분)   설교자(목사)

예배 시간을 분석하여 보면, 목사님이 주관하는 설교, 기도 시간이

50분, 다른 예배를 도와주는 직분의 시간은 26분으로, 전체 소요 시간 76분 중에서 예배를 주관하는 목사님이 담당하는 시간이 66%를 차지하고 있음을 알 수 있습니다. 그리고 26분 중에서 찬송가 시간이 12분, 기도 7분에 불과합니다. 찬송가는 실제 하나님을 찬송한다기보다 찬송하는 교인들의 마음을 경건하게 하는 목적으로 노래를 부른다고 보아야 합니다. 예배 전체 시간 중에서 다만 신앙고백으로 사도신경을 암송하는 1분이 예수님 십자가 대속 은혜를 입으로 시인하는 시간입니다.

위 모든 절차에서 하나님께 인사를 드리는 예배 순서는 없음을 알 수 있습니다. 그러므로 하나님 입장에서는 "사람들끼리 모여 성경을 공부하고 있구나."라고 생각하실 수밖에 없습니다. 즉, 구약 시대 성막예배와는 확연히 다른, 하나님을 믿는다고 말하는 사람들의 행사일 뿐이라는 사실입니다. 이 점이 매우 중요합니다.

주일예배에 하나님이 아니 계십니다.

하나님이 주인공이 되어야 할 예배에서 예배시간 66%를 점유하고 있는 목사님이 주인공이 되고 있습니다. 목사는 Pastor입니다. Pastor는 성경 말씀의 꼴을 먹여주는, 가르치는 직분임에도 불구하고, 예배를 통하여 목사가 하나님의 영광을 가로채고 있습니다.

그러므로 현재의 주일예배와 각종 모든 예배를 변화시켜야 합니다. 지금 드리는 모든 예배는 하나님께 드리는 예배가 아니라, 목사님이 교인들에게 성경을 가르치는 시간이 되고 있습니다.

하나님께 예배를 드려야 합니다.

사람은 그 자신의 마음속에 하나님에 대한 믿음이 있고 또 믿음을 표현하고 싶은 마음이 있어야 하나님을 찾아가서 문안 인사를 드리게 됩니다. 믿음이 없다면 아예 찾아갈 생각조차 하지 않습니다. 찾아가서 큰절을 하여 문안 인사를 드리는 행위가 예배입니다. 또 예배하는 사람이 자신의 소망을 하나님께 기도드려야 하나님께서 그의 믿음 보시고 기도에 응답하여 주실 것입니다.

믿음, 믿음을 표현하는 예배, 기도 이 세 가지가 하나님을 향한 신앙의 전부입니다.

7. 오늘날 교회가 행하여야 할 예배의 Model을 제시합니다.

하나님께서는 하나님을 찾아와서 예배하고 문안을 하는 사람에게 단 한 가지, 원죄와 일상생활 중에 짓는 죄를 씻음 받고 의로운 사람이 되어야 하나님께 예배드릴 수 있는 자격이 있다고 하는 조건 이외의 어떤 조건도 제시하지 아니하셨습니다. 누구나 매우 쉽게 예배를 드릴 수 있게 예배의 절차도 매우 간략하게 만들어 두셨습니다. 그러함으로 번제단 자리에서, 예수그리스도가 나의 죄를 대신하여 속죄받기 위하여 십자가에서 피 흘리고 죽으셨다는 사실을 믿고, 인정하고, 입으로 시인함으로 내가 하나님께 예배를 드릴 수 있는 자격을 받을 수 있게 되는 것입니다. 번제단 자리에서 예수님 이름으로 속죄 기도를 드린 후 성소에 들어가서 하나님을 뵙고 문안을 드리고, 그리고 나의 소망을 기도드리면 모든 예배의 절차가 끝이 납니다.

옛날에는 하나님과 예배자 사이에 중재자로 제사장이 있었지만, 예수님 이후에는 예수님이 중재자가 되셨습니다. 그 누구든지 사람이 중재자가 될 수는 없습니다.

하나님께서 지성소(至聖所, the Most Holy Place), 성소(聖所, Holy Place)를 폐기하신 적이 없습니다. 그 사이의 휘장만 찢어졌을 뿐입니다.

교회 내에 지성소와 성소를 반드시 만들어야 합니다.

① 법궤는 없지만 지성소는 마련합니다.

② 성소를 마련합니다.

③ 성소에 분향단을 준비하고, 구약 시대에 사용한 향을 태웁니다.

④ 촛불 조명 또는 간접 조명을 사용합니다. 등대의 역할입니다.

⑤ 지성소, 성소를 구분하여 설치하고, 바깥에 번제단 대신에 예수님 이름으로 속죄 기도를 할 수 있는 자리를 예비합니다.

⑥ 지성소, 성소 Room에는 사람이 만든 장식품은 설치하지 않습니다.

네가 내게 돌로 제단을 쌓거든 다듬은 돌로 쌓지 말라 네가 정으로 그것을 쪼면 부정하게 함이니라 (출애굽기 20:25)

⑦ 사람이 만든 음악 또는 어떤 예술품이든지 설치하지 않습니다.

8. 새로운 예배 절차 Model(하나님께서 말씀하신 예배 절차)

❶ 성소에 입장하기 전에 성소 밖에서, 번제단 자리에서 예수님 이름으로 속죄 기도를 드립니다. 예수님이 나의 원죄를 대신 짊어지고 희생 제물 되심으로, 내가 의로운 사람이 되어 하나님 면전에 나아갈 수 있게 되었음을 감사하고, 믿고 입으로 시인하는 고백을 드립니다. 또 세상 사람들에게 전파할 복음 또는 사도신경을 암송하면서 하나님 은혜, 예수님 은혜에 대한 감사 기도를 드립니다. 물두멍에서 물로 손을 씻어 다시 죄를 씻습니다.

❷ 성소로 들어갑니다.

지성소 앞이 성소입니다. 성소 바닥에 이마가 닿도록 엎드려 하나님께 큰절을 하여 예배를 드립니다. 큰절을 몇 번 할지는 정하여야 하겠지만, 필자의 생각으로는 최소 세 번 이상은 되어야 하리라 생각합니다. 신령과 진정으로, 거룩하신 하나님께 믿음과 복종과 순종을 표현하는 마음으로 하나님께 예배합니다.

❸ 예배를 드린 후 잠시 동안 지금도 살아 계시는 하나님의 말씀을 기대하여 기다리고, 그리고 하나님께 나의 소망을 기도합니다. 하나님께서 말씀하시길 "너희는 골방에서 기도하라."라고 하셨으며, 다른 사람들이 듣도록 기도하지 말고 조용히 한나처럼 기도하라 하셨으니, 다른 사람에게 방해가 되지 않도록 조용히 그리고 간절히 기도합니다.

❹ 기도 후 하나님께 작별 인사를 드리며 예배를 마칩니다.

Ⅲ

기도했는데 무(無) 응답이면, 반드시 이유가 있습니다.

1. 믿음으로 예배를 드리는 사람에게 기도할 수 있는 자격이 있습니다.

이 세상에서 숨 쉬고 살아가는 인생 중에 근심, 걱정, 고난 없는 사람 누가 있습니까. 아무도 없습니다. 오죽하면 인생을 고해(苦海)라고까지 부를까요. 누구나 자신이 스스로 해결하기 너무 어려운 문제들을 가지고 있습니다. 능력 밖의 문제에 봉착하면, 그때 비로소 절대자에게 도움을 받기를 갈망합니다. 하나님을 믿는 사람은 하나님께 해결책을 구하고, 우상을 믿는 사람은 우상에게 해결책을 구합니다. 하나님을 믿는 우리에게 기도(祈禱)는 하나님께 우리가 원하는 소망을 이루어 달라고 비는 것을 말합니다.

너희가 기도할 때에 무엇이든지 믿고 구하는 것은 다 받으리라 하시니라
(마태복음 21:22)

그러므로 내가 너희에게 말하노니 무엇이든지 기도하고 구하는 것은 받은 줄로 믿으라 그리하면 너희에게 그대로 되리라 (마가복음 11:24)

예수님 말씀하시기를 기도하면 다 이루어 주신다고 하시는데, 어찌 지푸라기라도 잡고 싶은 절망 중에 떨어져 있는 사람이 기도하지 아니할 수 있겠습니까.

7 구하라 그리하면 너희에게 주실 것이요 찾으라 그리하면 찾아낼 것이요 문을 두드리라 그리하면 너희에게 열릴 것이니 8 구하는 이마다 받을 것이요 찾는 이는 찾아낼 것이요 두드리는 이에게는 열릴 것이니라
(마태복음 7:7-8)

하나님께서는 예수그리스도 이름으로 기도하면 응답하시고 다 들어 주신다고 약속하고 계십니다.

20 믿음이 없어 하나님의 약속을 의심하지 않고 믿음으로 견고하여져서 하나님께 영광을 돌리며 21 약속하신 그것을 또한 능히 이루실 줄을 확신하였으니 (로마서 4:20-21)

이렇게 사람이 해결할 수 없는 능력 밖의 문제에 봉착하면, 기도해야 하고, 기도하면 하나님께서 응답하시고 문제를 해결하여 주신다고 약속하셨는데, 단 한 가지 전제조건이 있습니다. 그 전제조건이란, 믿음입니다.

믿음의 기도는 병든 자를 구원하리니 주께서 그를 일으키시리라 혹시 죄를 범하였을지라도 사하심을 받으리라 (야고보서 5:15)

믿음이 있는 사람의 기도만 하나님께서 응답하십니다. 믿음이 없으면 아무것도 이룰 수 없습니다. 사람과 사람 사이에서도 의심이 있으

면 문제를 해결할 수 없고, 또 하나님과 사람 사이에서도 의심이 있으면 하나님의 도움을 받을 수 없습니다. 하나님을 믿어야 하나님께서 지켜 주십니다.

그러면 하나님께서 보시기에, 그 사람이 하나님을 믿는지 또는 아니 믿는지를 어떻게 구별하여 알 수 있겠습니까. 아무리 전지전능하신 하나님이라 할지라도 열 길 물속은 알아도 한 길 사람의 마음속은 알 수 없습니다. 또 조변석개(朝變夕改)하는 사람의 갈대 같은 마음을 지금 이 순간에는 알 수 있다 하더라도 언제 그 마음이 바뀔지 알 수 없는 게 사람의 마음입니다.

그러므로 중요한 것은 사람이 하나님께 자신의 마음속에 믿음이 있음을 스스로 알려 드리는 것입니다. 지금 마음이 어떤지 알려 드려야 하고, 또 반복해서 그다음에는 그다음대로 다시 알려 드려야 합니다. 기도할 때마다 알려 드려야 합니다. 무엇을 알려 드려야 합니까. 마음속에 믿음이 있음을 알려 드려야 합니다.

이와 같이 행함이 없는 믿음은 그 자체가 죽은 것이라 (야고보서 2:17)
영혼 없는 몸이 죽은 것 같이 행함이 없는 믿음은 죽은 것이니라
(야고보서 2:26)

어떻게 하여야 알려 드릴 수 있습니까. 하나님께서 그 방법을 정하여 두셨습니다. 바로 하나님께서 정하여 두신 방법은, 사람이 스스로 하나님께 찾아와서 문안 인사를 하라고 정하여 두셨습니다. 믿음이 없는 사람은 하나님을 찾아올 생각조차 품지 않을 것이지만, 믿음이 있는 사람은 기쁘고 순종하는 마음으로 하나님을 찾아올 것이기 때문입니다. 마음속 믿음을 밖으로 표현하는 행위가 꼭 필요합니다.

하나님께서 말씀하시기를 너희 모든 남자는 매년 세 번씩 주
야훼께 보일지니라 (출애굽기 23:17, 출애굽기 34:23)

2. 믿음을 기본 바탕에 깔고, 하나님께 대한 예배와 기도는 한 세트 입니다.

사람은 그 자신의 마음속에 하나님에 대한 믿음이 있고 또 믿음을 표현하고 싶은 마음이 있어야 하나님을 찾아가서 문안 인사를 드리게 됩니다. 믿음이 없다면 아예 찾아갈 생각조차 하지 않습니다. 찾아가서 큰절을 하여 문안 인사를 드리는 행위가 예배입니다. 또 예배하는 사람이 자신의 소망을 하나님께 기도드려야 하나님께서 그의 믿음 보시고 기도에 응답하여 주실 것입니다.

믿음, 믿음을 표현하는 예배, 기도 이 세 가지가 하나님을 향한 신앙의 전부입니다.

하나님을 찾아 뵙고 문안 인사를 드리는 행위가 예배이고, 뵙는 중에 나의 소망과 원하는 바를 하나님께 말씀드리는 행위가 기도입니다. 예배 없이 기도 없고, 기도 없이 응답이 없습니다. 예수님도 하나님께 나아가서 얼굴을 땅에 대시고 엎드려 예배하며 기도하심으로 우리에게 예배를 드리는 자세, 태도에 대해 예수님께서 모범적 표본을 보이셨습니다.

조금 나아가사 얼굴을 땅에 대시고 엎드려 기도하여 이르시되 내 아버지
여 만일 할 만하시거든 이 잔을 내게서 지나가게 하옵소서 그러나 나의
원대로 마시옵고 아버지의 원대로 하옵소서 하시고 (마태복음 26:39)

예수님도 한적한 장소, 산으로 가셔서 먼저 무릎을 꿇고 엎드려 하나님께 예배하고 기도하셨습니다. 예수님이 행하신 예배와 기도 방법 대로 사람도 똑같이 따라 하면 반드시 하나님의 응답을 받을 것입니다.

3. 그러면 어디로 찾아가서 하나님께 기도를 드려야 할까요?

예수님은 산으로 가셔서 기도를 드리셨는데, 우리는 어디로 가야 할까요.

예수님은 말씀하시기를, "베드로의 믿음을 보고 그 믿음의 반석 위에 교회를 세우셨다."라고 하셨습니다. 여기서 믿음은 궁극적으로 하나님께 대한 믿음을 말합니다. 즉, 하나님께 대한 믿음을 기초로 하여 그 위에 교회를 세우셨으니 교회는 사람이 하나님께 대한 믿음을 보여 주는, 사람이 믿음을 표현하는 행위를 하는 장소가 교회입니다. 교회에서 하나님을 믿는 사람이 하나님께 문안 인사를 드리는 행위, 곧 예배를 드리면 하나님께서 그 예배를 받으시고, 예배드리는 자를 만나 주십니다.

구약 시대, 예수님이 탄생하시기 전에는 성막이 있었고, 성막 안에 성소와 지성소가 있었는데, 그 사이에는 휘장이 쳐져 있었고, 대제사장만이 지성소에 들어갈 수 있었습니다. 그 성소, 지성소 예배에서 하나님과 예배자 사이에 중재자로서 대제사장이 역할을 하고 있었는데, 예수님이 십자가에서 죽으심으로 그 휘장이 위로부터 아래까지 쫙 찢어져 성소와 지성소 사이의 칸막이가 사라지게 되었습니다. 그때부터 예수님이 대제사장이 되셨고, 하나님과 예배자 사이에서 중재자 역할을 담당하시게 되었습니다. 예수님을 경유하여 하나님께 나아갈 수 있게 되었습니다.

> 예수께서 이르시되 내가 곧 길이요 진리요 생명이니 나로 말미암지
> 않고는 아버지께로 올 자가 없느니라 (요한복음 14:6)

그러면 예수님은 어디에서 중재자의 역할을 담당하고 계실까요. 바로 예수님이 세우신 교회입니다. 교회에서 하나님과 예배자 사이의 중재를 하고 계십니다. 길 되신 예수님을 경유하여야만 하나님께 나아갈 수 있습니다. 결론으로 교회를 찾아가서 하나님께 예배와 기도를 드려야 합니다. 이것이 하나님 그리고 예수님이 세우신 원칙입니다. 사람이 일상생활 중에 장소 불문하고 기도할 수 있기는 하지만, 교회를 찾아가서 정중하게 예의와 예절을 갖추어 예수그리스도 이름으로 하나님께 예배를 드리고 기도하는 절차가 정석(定石)입니다.

4. 하나님께서 응답하지 않는 기도

하나님께서 아담과 하와의 불순종과 그에 따른 원죄로 인하여 땀을 흘려야 살 수 있게 하신 바 있습니다. 사람은 선천적으로 땀을 흘려 노력하기만 하면 그 대가를 받을 수 있게 만들어졌습니다. 그러므로 사람은 범사에 잘 되고 못 되고는 각자의 노력과 능력에 따라 결정됩니다.

또 원죄로 인하여 사람의 마음속에 자아가 들어오게 되었는데, 사

람은 각자의 자아의 결정에 따라, 즉 판단과 의사결정에 따라 범사의 성공, 실패가 결정되게 됩니다. 이 또한 스스로가 책임지는 행위의 결과물입니다. 그러면서 사람의 자아가 판단하는 성공인지, 실패인지가 하나님 입장에서는 중요하지도 않고 하나님이 관여할 일도 아닙니다.

하나님은 위와 같이 사람이 스스로 결정하고 또는 사람에게 이미 주어진 능력의 범위 안에서 사람이 스스로 하는 행위에 대해서는 간섭하시지 않습니다. 노력하면 될 일이라든가, 자아가 스스로 결정하는 일이라든가, 또는 이미 하나님께서 사람에게 주신, 허락하신 능력의 범위 안에서 일어나는 일에 대해서는 간섭하시지 않습니다. 다시 말해 이러한 범주에 대하여는 기도하여도 기도에 응답하시지 않습니다.

학생이 공부는 하지 않고 기도만 하여서는 성적이 오르지 않습니다. 직장인이 실적을 쌓지 않으면서 기도만 해서는 승진이 안 됩니다. 사장님이 시장 경쟁력이 있는 입찰서를 제출하지 않고 기도만 해서는 경쟁에서 낙찰을 받을 수 없습니다. 수학자가 기도만 해서는 수학 문제를 풀 수 없습니다. 교통경찰이 신호 스위치 버튼을 누르지 않으면서 기도만 한다고 해서 신호등이 바뀌지 않습니다.

사람들과 사람들 사이의 경쟁에, 정치인과 정치인 사이 권력 싸움에도, 국가와 국가, 민족과 민족 사이의 전쟁에도, 하나님은 개입하시지 않습니다. 가이사의 일은 가이사가 알아서 할 일이요 하나님의 일은 하나님이 알아서 하십니다.

또 식욕, 물욕, 권력욕, 독점욕 등 욕심과 탐심 그리고 정욕으로 기도하면 하나님께서 응답하시지 않습니다.

구하여도 받지 못함은 정욕으로 쓰려고 잘못 구하기 때문이라

(야고보서 4:3)

그리고 자랑이나 과시로 다른 사람들 들으라고 하는 가식적 기도에
도 응답하시지 않습니다. 진정한 기도는 골방에서 드리는 간절한 기
도입니다.

너는 기도할 때에 네 골방에 들어가 문을 닫고 은밀한 중에 계신 네 아

버지께 기도하라 은밀한 중에 보시는 네 아버지께서 갚으시리라

(마태복음 6:6)

또 너희는 기도할 때에 외식하는 자와 같이 하지 말라 그들은

사람에게 보이려고 회당과 큰 거리 어귀에 서서 기도하기를

좋아하느니라 내가 진실로 너희에게 이르노니 그들은 자기 상을 이미

받았느니라 (마태복음 6:5)

5. 하나님으로부터 응답받을 수 있는 기도

사람의 능력으로 해결할 수 없는 문제 해결을 위해 기도하면 하나
님께서 응답하여 주십니다. 그래서 사도 요한도 기도하기를 "사랑하
는 자여 네 영혼이 잘됨 같이 네가 범사에 잘되고 강건하기를 내가 간
구하노라."라고 기도하였습니다.

사람의 영혼은 하나님께서 사람의 코에 불어 넣으신 생기(生氣)입
니다. 그러니 사람의 능력으로 어찌할 수 없고 오직 하나님만이 잘되

게 하실 수 있습니다. 범사의 경우에도 현재의 일은 사람이 노력하여 능력대로 결과를 얻을 수 있지만, 미래의 일에 대해서는 사람이 어찌할 수 없습니다. 그러므로 내일 일은 하나님께 기도하여 맡길 수밖에 없습니다.

또 강건하기를 간구하고 있는데, 아무리 의료 기술이 발전한다 하여도 하나님께서 만드신 사람 몸의 병을 다 치료할 수는 없습니다. 사람 몸의 병은 사람에게 사망이 들어왔기 때문에 생겨난 것이고, 또 땅의 저주로 말미암아 생겨난 세균, 바이러스 등으로 인하여 생겨났기 때문에 이런 류(類)들은 오직 기도로만 고칠 수 있습니다.

또 영적 존재이며 천사들 중 일부였던 사탄의 방해를 사람이 물리칠 수 없습니다. 사람의 영혼 중 영의 역할이 잠자고 있어 저들 사탄의 류(類)들을 볼 수 없고, 저들을 대적할 수 없습니다. 그러므로 하나님의 도움이 없으면 물리칠 수 없습니다.

그래서 예수님께서 이 문제를 해결할 길을 열어 주셨습니다.

너희가 기도할 때에 무엇이든지 믿고 구하는 것은 다 받으리라 하시니라
(마태복음 21:22)
믿는 자들에게는 이런 표적이 따르리니 곧 그들이 내 이름으로 귀신을
쫓아내며 새 방언을 말하며 뱀을 집어 올리며 무슨 독을 마실지라도
해를 받지 아니하며 병든 사람에게 손을 얹은즉 나으리라 하시더라
(마가복음 16:17-18)

예수 그리스도 이름으로 믿음으로 기도하면 응답받는다고 약속하신 것입니다.

또 복음 전파를 위한, 복음의 증거를 보여주기 위한 기도에도 응답하십니다. 복음 전파는 무슨 꼭 선교사만이 하는 것이 아니라 보통 사람들도 자기의 생활 현장에서 자신의 행동, 말 그리고 전파 의도를 가진 행위 등을 하면 그것이 곧 복음 전파입니다. 이를 위한 증거로 하나님께서 약속하신 ① 귀신을 쫓아내고 ② 방언을 말하고 ③ 뱀을 집고 ④ 독을 마셔도 해를 입지 않고 ⑤ 병든 사람에게 손을 얹으면 낫게 하는 기적을 보여 주십니다.

IV

하나님을 믿는 사람의 신앙심 기본자세

1. 성경을 읽고 복음을 전파할 때 마음 자세

(사람은 십중팔구 마음 밭이 자갈밭 같아서 확증편향에 잡혀 있습니다.)

어떤 사실의 진위 여부를 떠나, 자신의 견해 또는 주장에 도움이 되는 정보만 선택적으로 받아들이고, 자신이 믿고 싶지 않은 정보는 의도적으로 외면하는 편향된 성향을 확증편향(確證偏向)이라고 말합니다. 쉽게 말해 '보고 싶은 것만 보고, 듣고 싶은 것만 듣는' 경향을 확증편향이라고 합니다.

우리나라 최대의 비극적 전쟁, 6·25 전쟁을 예로 들어 봅니다. 6·25는 소련 스탈린과 중국 모택동의 허락과 지지를 받아 북한 김일성이 일으킨 전쟁입니다. 이 역사적 진실은 각종 증거에 의해 이미 증명된 사실입니다. 그럼에도 불구하고 북한, 중국, 러시아를 추종하는 사람들은 저들의 주장에 대해 확증편향을 가지고 6·25를 남한이 북한을 침공한 북침이라고 주장합니다. 아무리 남침이라고 객관적 증거를 제시하고, 설득을 해도 저들의 주장을 굽히지 않습니다.

천안함 폭침이 북한 김정은 소행이라고 증거를 들이밀어도 안 믿는 사람들은 절대 안 믿습니다. 오늘날 우리 사회에 고질병이 된 좌우 이념 대립이 대표적 확증편향입니다. 이러한 확증편향의 원천은 자아입니다.

나의 생각, 나의 마음, 즉 나의 자아가 100% 가득 차 있으면 다른 사람의 생각 또는 객관적 사실도 나의 마음속에 들어올 수 없게 됩니다. 믿지 않습니다. 그리고 나만의 논리를 만들고 그것을 강변(强辯)하면서 나만의 주장을 펼칩니다. 객관적 사실은 그대로 믿어야 함에도 불구하고 믿지 않으면서, 자신의 주관적 생각만을 고집합니다. 자아가 강성하기 때문에 그렇습니다. 이 자아가 바로 인본주의입니다 (人本主義의 반대는 神本主義입니다).

성경의 기록들에 대해서도 그렇습니다. 성경에는 많은 기록이 있지만, 크게 구분을 한다면 하나님과 예수님께서 이루어 놓으신 역사적 사실들을 객관적으로 기록한 부분이 있고, 또 다른 부분은 선지자, 사도, 예언자 등 사람이 기록하여 둔 객관과 주관이 혼합되어 기록된 부분들이 있습니다. 후자, 사람들에 의해 기록된 문서는 아무래도 기록자의 주관과 당(當) 시대의 환경 또는 정세 등이 영향을 미치지 않았다고 단정할 수 없다고 봅니다. 그래서 저들 기록자들도 최선을 다해 객관적으로 기록하고자 노력했을 것이지만, 자아가 살아 있는 사람이다 보니, 어쩔 수 없이 주관이 개입될 수밖에 없었을 것입니다.

역사적 사실이 객관적으로 기록된 성경 기록에는 이러한 말씀들이 있습니다. 여기에는 사람의 주관이 개입될 여지가 전혀 없습니다.

태초에 하나님이 천지를 창조하시니라 (창세기 1:1)
하나님이 자기 형상 곧 하나님의 형상대로 사람을 창조하시되
남자와 여자를 창조하시고 (창세기 1:27)

반면에 기록한 사람의 주관이 개입되어 있을 가능성이 농후한 말씀도 있습니다.

> 곧 창세 전에 그리스도 안에서 우리를 택하사 우리로 사랑 안에서
> 그 앞에 거룩하고 흠이 없게 하시려고 (에베소서 1:4)

객관적 역사적 사실은 창세 때 처음으로 사람을 만드셨는데, 후자에서 창세 전에 우리를 택했다고 기록되어 있습니다. 두 가지 기록이 서로 상충되고 있습니다.

이를 확증편향 측면에서 비교한다면, 어떤 사람은, 인본주의자는 두 가지 기록이 상충(相衝)되는 점만 강조하여 둘 다 절대 믿지 않을 것입니다. 더 나아가 성경 자체를 불신하게 됩니다. 그러나 또 다른 어떤 사람은, 신본주의자는 비록 상충되기는 하지만 후자를 기록한 사람도 어떤 생각이 있어서 그렇게 기록하였을 거라 이해하고 받아들이는 마음으로, 믿는 마음으로 긍정적으로 받아들일 것입니다. 그러므로 우리는 신본주의 확증편향의 반석 위에 있으면서, 인본주의도 이해하려는 노력을 기울일 필요가 있습니다.

근본은 확고하되 나와 다름도 인정하고 절충할 필요가 있다고 봅니다.

하나님께서 사람을 지으실 때는 하나님이 중심이 되는 신본주의로 세상을 창조하셨습니다. 하나님의 뜻이 기본이었습니다. 그랬음에도 불구하고 사람이 선악과를 먹음으로 인하여 사람의 마음속에 자아가 들어오게 되었고, 즉 인본주의가 들어오게 되었고 그로 인해 하나님을 배반함으로써 하나님으로부터 버림을 받게 된 것이었습니다.

이 세상은 인본주의 세상이 되었습니다.

우리가 사랑하는 교회도 마찬가지입니다. 내가 출석하는 우리 교회

가 절대적으로 정답이라고 믿습니다. 우리 교회 목사님 말씀이, 성경 해석이, 설교가 정답이라고 믿고 있습니다. 그런데 만약 타 교회 목사님의 성경 해석이 우리 교회 목사님의 성경 해석과 다르다면 우리는 우리 목사님 말씀만 믿고, 우리는 타 교회 목사님을 이상한 사람으로 생각합니다. 심지어 이단(異端)이라고 단정해 버립니다. 기독교 교단의 중심을 이루는 목사님들도 마찬가지입니다. 평범한 평신도분만 아니라, 저들 목사님들도 각자 자아가 가득 차서 인본주의 중심의 확증편향 함정 속에 빠져 있습니다.

실제 목사 신학자들은 무슨 스콜라주의, 칼뱅주의, 종교다원주의 등 약 35가지 각종 주의에 빠져 있습니다. 저들은 절대 자신의 확증편향에서 탈출하지 못합니다. 그렇지만 저분들은 목사이기 때문에 반드시 확증편향에서 벗어나 눈을 크게 뜨고 타인의 다름도 인정하고 이해하고자 하는 노력을 기울여야 합니다.

온 천지에 하나님은 오직 한 분이십니다. 우리 죄를 위해 십자가에서 희생 제물이 되신 예수님도 한 분이십니다. 일곱 분 보혜사(保惠師) 성령님들도 계십니다. 이분들은 그 위(位)가 다릅니다. 천국 보좌에 주인은 오직 하나님 한 분이시고, 예수님과 성령님들은 하나님을 보좌하면서 보좌 아래에서 보필하며, 배석하고 있습니다. 그래서 우리는 이를 삼위(三位)라고 부릅니다. 이렇게 부르는 데는 누구도 반대가 없습니다. 하나님을 믿는 사람이라면 삼위(三位)에 대해서는 이렇게 확증편향 되어 있습니다. 이는 당연한 일입니다.

그런데 일체(一體)에 대해서는 믿는 쪽으로 확증편향 되어 있으면서도 약간의 의구심을 가지고 있는 경향이 있습니다. 일체(一體)에 대해 동의하지 못하는 의견을 개진하는 사람들도 존재합니다. 그것은 일체(一體)에서 체(體)라는 한문 문자의 대표적, 일반적 뜻 때문입니다. 체(體)의 대표적 뜻은 몸입니다. 그러니 일체란 한 몸이라는 뜻이 되는데 삼위가 한 몸이라는 말이 됩니다. 어떻게 다른 세 분이 각각 존재하는데 그 몸이 하나라고 한다면 누가 긍정할 수 있겠습니까. 바로 이 점이 의심의 씨앗이 되고 있습니다. 이러한 해석을 두고, 교파마다 자기들 주장을 펼칩니다.

그러나 평신도인 우리가 받아들여야 할 바른 답은 체(體)가 몸(體)자가 아니라 근본 체(体)라는 글자로 해석되어야 한다는 것입니다. 다시 말해 근본(根本), 즉 본질(本質)이 동일하다는 뜻입니다. 세분이 위가 다르지만, 근본 본질은 동일하다는 뜻으로 삼위일체(三位一體)라고 부릅니다. 본질의 중심에는 하나님이 계시고, 그 아래 예수님과 성령님들이 계십니다. 그러므로 예수님과 성령님은 항상 하나님 뜻에 따라 행동합니다. 이러면 누구든지 이해하고 동의하게 될 것입니다. 여기에서도 신본주의 반석 위에 확증편향을 두면서도 이해하고 살펴보는 노력과 마음을 가질 필요가 있음을 봅니다.

하나님께서 하신 말씀도 하나요 예수님 말씀도 하나입니다. 하나님과 예수님은 그 본질이 동일하기 때문에 두 분 말씀도 동일합니다. 따라서 그 말씀은 본질이 동일하게 한 가지로만 해석이 되어야 합니다. 그러나 저 많은 목사들이 각자의 자아(自我)라는 인본주의 속에 빠져 스스로 자기의 해석만이 옳다고 주장합니다. 사람이 하나님 말씀을 평가하고, 사람이 하나님 말씀을 자기 뜻대로 해석합니다. 즉 목사들이 인본주의에 빠져 신본주의를 외면하고 있습니다. 그 결과물의 증거로 하나님을 믿는다는 기독교 안에 500개가 넘는 교파가 생겼음을 우리가 목도하고 있습니다. 목사들조차도 확증편향에 빠져 500개 교파별로 자기들 생각만이 옳다고 믿고 있음을 보게 됩니다.

이렇게 신본주의가 변질되고, 인본주의가 기승을 부리는 세상 속에 우리는 살고 있습니다.

그러면 하나님을 믿고 하나님 한 분만을 주님으로 모시며 믿는 사람들은 인본주의와 신본주의 사이에서 어떻게 살아야, 하나님에 속한 사람으로 살아간다고 하나님으로부터 인정받는 삶을 살 수 있을까요? 이 문제는 우리 모두에게 굉장히 중요한 문제입니다.

예수님께서 말씀하셨습니다. "내 뜻대로 하지 마시옵고 아버지 뜻대로 하옵소서." 예수님께서 얼마나 하나님을 믿고 계시는지 그 절절한 믿음을 볼 수 있습니다. 그런데 이 말씀을 우리 생활에 적용시켜 본다면, 무엇이 아버지 뜻인지 어떻게 알 수 있습니까?

아담, 에녹, 노아, 아브라함, 이삭, 야곱같이 하나님께서 직접 선택하신 분들은 하나님 아버지의 말씀을 직접 듣고 알 수 있었겠지만, 여러분이나 저 같은 평범한 사람들은 하나님 뜻이 무엇인지 어떻게 알 수 있겠습니까? 그러니 "아버지 뜻대로 하옵소서." 하면서도 실제는 자기 뜻이 하나님 뜻이라고 스스로 주장하면서 스스로를 세뇌시키면서 자기 뜻대로 하게 됩니다.

진짜 하나님 뜻을 알아야 합니다. 그러려면 하나님을 만나서 직접 뜻을 물어야 합니다. 하나님을 어떻게 만납니까. 하나님 앞으로 찾아가야 합니다. 하나님께서는 사람이 찾아오기를 기다리고 계십니다.

하나님께서 말씀하시기를 너희 모든 남자는 매년 세 번씩 주 야훼께 보일지니라 (출 23:17, 출 34:23)

예수님께서는 하나님을 믿는 자들이 복음을 전파할 때 이렇게 하라고 말씀하셨습니다. 먼저 복음을 듣고 받아들일 여러 부류의 사람들에 대해 말씀하셨습니다. 각 부류에 속하는 사람들은 나름대로 확증 편향에 사로잡혀 있음을 볼 수 있습니다. 각 부류마다 인본주의 자아의 강약(强弱) 차이가 있습니다. 저들 마음속에는 자아가 가득 차 있어서 설득의 대상이 안 된다고 미리 아시고 다만 복음을 전파만 하라고 하신 것입니다.

1 그날 예수께서 집에서 나가사 바닷가에 앉으시매 2 큰 무리가 그에게로 모여들거늘 예수께서 배에 올라가 앉으시고 온 무리는 해변에 서 있더니 3 예수께서 비유로 여러 가지를 그들에게 말씀하여 이르시되 씨를 뿌리는 자가 뿌리러 나가서 4 뿌릴새 더러는 길가에 떨어지매 새들이 와서 먹어버렸고 5 더러는 흙이 얕은 돌밭에 떨어지매 흙이 깊지 아니하므로 곧 싹이 나오나 6 해가 돋은 후에 타서 뿌리가 없으므로 말랐고 7 더러는 가시떨기 위에 떨어지매 가시가 자라서 기운을 막았고 8 더러는 좋은 땅에 떨어지매 어떤 것은 백 배, 어떤 것은 육십 배, 어떤 것은 삼십 배의 결실을 하였느니라 9 귀 있는 자는 들으라 하시니라

(마태복음 13:1-9)

밭에는 길가, 돌밭, 가시떨기 위 그리고 좋은 땅이 있다고 말씀하십니다. 그 밭이 사람의 마음 밭입니다. 마음 밭은 각자가 스스로 일구어 나가는 밭입니다. 누군가가 타인의 밭을 변화시킬 수 없습니다. 사람 속에 있는 자아가 타인의 간섭을 절대 허용하지 않습니다. 그것이 확증편향입니다.

그래서 예수님도 복음을 전할 때, 복음을 듣는 자를 설득하여 저들의 마음을 변화시켜 복음을 전하라고 하시지 아니하고, 다만 전파만 하라고 하셨습니다. 복음을 들을 사람에게 보여줄 표적까지 베풀어 주시면서도 그냥 전파하라고 하셨습니다.

15 또 이르시되 너희는 온 천하에 다니며 만민에게 복음을 전파하라 16 믿고 세례를 받는 사람은 구원을 얻을 것이요 믿지 않는 사람은 정죄를 받으리라17 믿는 자들에게는 이런 표적이 따르리니 곧 그들이 내 이름

으로 귀신을 쫓아내며 새 방언을 말하며 18 뱀을 집어 올리며 무슨 독을 마실지라도 해를 받지 아니하며 병든 사람에게 손을 얹은즉 나으리라 하시더라 (마가복음 16:15-18)

어떤 생면부지(生面不知) 사람이 찾아와서 표적과 기적을 보입니다. 귀신에 사로잡힌 사람 앞에서 예수님 이름을 부르면서 "귀신아 떠나가라!"라고 명령을 하니 귀신이 두려워서 떠나갑니다. 마음 밭이 좋은 땅이라면 당연히 이를 보고 하나님을 영접하지 않을 수 없겠지요. 설득할 필요가 없이 그저 전파만 하면 됩니다.

마찬가지입니다. 방언을 하고, 뱀을 손으로 집고, 예수님 이름으로 병을 고쳐준다면, 설득할 필요가 없이 그저 전파만 하면 됩니다.

예수님은 사람들의 마음이 완악하고, 십중팔구는 길가, 돌밭, 가시떨기 위임을 아시기 때문에 전파만 하라고 하신 것입니다. 우리가 가장 경계해야 할 점이 바로 확증편향임을 다시 한번 각성해야 할 것입니다.

2. 성경 해석에 관하여

중세 시대란 AD 560년경 교황 그레고리 1세부터 AD 1517년 루터의 종교개혁까지 약 1,000년 동안의 종교 권력이 세상을 통치한 시대를 중세 시대라고 합니다.

예수님 탄생, 중세 이전 시대, 중세 시대, 그리고 현대에 이르기까지 하나님 이야기가 기록된 성경을 있는 그대로 단순하고 명료하게 하나님께서 하신 말씀으로 받아들이지 않고 자칭 신학자라고 하는 사람들이 자의적 해석을 추가하여 어렵고 어렵게 학문으로서의 신학을 만들어 냈습니다. 그들은 신학을 만들고 거기에 철학을 가미하여 여러 모양의 신학파를 만들어 일반 사람들은 성경에 가까이 접근조차 못 하게 막았습니다.

하나님께서 하신 말씀을 문자적으로 읽고 듣고 이해하고 하나님께서 원하시는 대로 실행하면 되었을 것을 신학자, 수도사, 교회의 교황과 신부들은 하나님 말씀에 영적 신비적 해석을 갖다 붙이고, 또 도덕적 해석을 입히고 또 교회의 종교 권력을 강화하기 위해 교황만이 성경을 해석할 수 있다고 강제하면서 교인들을 나무라고 타이르며 가르치는 그러한 행태를 보여 왔습니다.

이는 교회 권력 유지라는 목표를 먼저 세워 놓고 거기에 맞추어서 성경을 해석하는 지경까지 이르게 된 것입니다. 하나님 눈으로 바라볼 때 결코 잘하였다고 할 수 없습니다. 하나님과는 아무런 관련이 없는 자들이 자신들의 목적을 가지고 하나님을 이용한 것으로 치부(置簿)될 뿐이었습니다.

그러면 오늘날 교회와 신학자들은 어떤 모습일까요? 앞선 저들과 다른 모습일까요? 결단코 다른 모습이라고 단언하기에는 너무나 흡사한 행태를 보이고 있습니다. 한국 내에서만 보더라도 교파가 500개가 넘고, 신학교가 인가/비인가 합쳐서 400개가 넘는다고 합니다. 그 많은 신학교 그리고 교파에서 성경을 해석하는 내용이 같을까요? 저들은 자신들의 인간적 목표에 부합하도록 성경을 편의적으로 해석하고 주장하고 있지는 않은지 자문하여야 하지 않을까요.

하나님 말씀은 하나입니다. 창세부터 현재까지 또 미래에도 변함없이 동일합니다. 어제나 오늘이나 내일도 변함없이 동일하신 말씀입니다. 전지전능 하나님께서 피조물 사람들이 읽고 듣고 쉽게 행할 수 있게 말씀하셨습니다. 어렵게 만드시지 아니하셨습니다. 남녀노소, 공부를 잘하든지 못하든지, 무식하든지 유식하든지, 가난하든지 부자이든지, 그런 개인적 상황들은 전혀 관계없이 누구든지 듣기만 하면 하나님께서 하신 말씀을 이해하고 알게 되고 그 마음속에 믿음이 생기도록 되어 있습니다. 종교 신학에 따른 해석이 필요한 것이 아닙니다. 오직 하나님께 대한 믿음은 하나님 말씀 곧 성경을 읽고 들으면 하나님을 알게 되고 믿게 되고, 하나님께서 주시는 은혜와 축복을 누리게 될 것입니다.

성경을 단순하게 문자적으로 이해할 수 있게 되길 바랍니다. 성경을 읽을 때 학문적 접근, 신비주의적 접근, 도덕적 접근, 풍유적 접근을 배제하게 되시길 바랍니다.

3. 신앙심 그리고 성경 말씀을 상고(詳考, examined) 합니다.

신앙심이란, "초자연적 절대자 하나님을 믿고 따르는 마음"을 말합니다.

신(信)은 "믿을 신"입니다. 즉 믿음이 가장 선두에 있습니다. 믿음이 없이는 신앙심이 성립될 수도 없고, 존재할 수 없습니다. 믿음이 가장 기본 요소입니다.

앙(仰)은 초자연적인 존재에게 의지한다는 뜻입니다. 또 그러한 마음으로 바라본다는 뜻도 있습니다. 우리는 여기서 하나님 한 분만 바라보고, 의지합니다.

심(心)은 사람의 마음입니다. 마음은 곧 자아(自我)입니다. 자아는 자신에게 이익이 될 때만 움직입니다. 즉 손해가 된다면 외면하게 될 것입니다. 우리는 하나님께서 나의 아버지 하나님이라고 믿기 때문에, 아버지는 반드시 또 당연히 나의 아버지이시니, 하나님 아버지를 믿습니다. 이것이 나의 마음입니다.

사람에게는 그의 육체를 지배하고 생명을 컨트롤하는 영혼이 있습니다. 혼은 육을 통제하고, 영은 영적 존재와 의사소통을 하는 역할을 담당하는데, 이 영혼 중 한 부분이 사람의 마음입니다. 그런데 처음 창조된 첫 사람 아담과 하와가 원죄를 짓고 에덴동산으로부터 쫓겨날 때, 하나님께서 그 징벌로 사람의 영혼 중에서 영의 기능을 잠재우셨습니다. 그리하여 사람의 육체의 눈으로 영적 존재의 실체를 볼 수 없고 또 소리도 들을 수 없게 되었지만, 그럼에도 불구하고 사람의 영혼은 그 잠재된 의식 속에서 영적 존재를 느끼고 눈에 보이지 않아도, 손에 잡히지 않아도, 무언가 있을 거라는 생각을 지울 수 없게 되어 있습니다.

그래서 모든 사람들은 부지불식(不知不識)간에 신앙심이라는 마음을 가지고 있습니다. 사람은 그가 아무리 "무신론자"라고 주장을 하여도 생명의 위험을 느끼게 되면 "하나님"을 찾고 부르게 되어 있습니다.

하나님은 태초에 천지를 창조하신 나의 주님 나의 아버지 하나님 유일신(唯一神)이십니다. 나는 창조주 하나님을 나의 주님으로 믿습니다. 내가 곤궁할 때 하나님의 도움과 보호를 받고 싶습니다. 나의 입을 벌려 나의 기도를 하나님께 올리고 싶습니다. 하나님께서 나의 기도에 응답을 하여 주시고, 나의 문제가 해결될 수 있게 되길 원합니다.

이것이 하나님께 대한 나의 신앙심입니다. 세상 모든 일에는 쌍방, 즉 주체와 객체가 있습니다. 하나님께서 주체가 되시면, 하나님께서 나에게 원하시는 것이 있을 터이요, 내가 주체가 되면, 내가 하나님께 원하는 것이 있기 마련입니다.

그러면 먼저 하나님께서 사람으로부터 원하시는 것이 무엇인지 알 아봅니다.

하나님께서 원하시는 것은 오직 한 가지, 사람이 하나님을 찾아와 서 인사를 드리고 문안을 하여 주기를 원하십니다. "보시기에 심히 좋 았더라."라고 말씀하시는 하나님의 마음을 헤아려야 합니다.

> 하나님이 지으신 그 모든 것을 보시니 보시기에 심히 좋았더라
> 저녁이 되고 아침이 되니 이는 여섯째 날이니라 (창세기 1:31)

인사를 드리고 문안을 하는 것을 한 단어로 예배(禮拜)라고 합니다. 즉 하나님께서는 오직 한 가지, 사람의 예배를 받기 원하십니다.

다음으로 사람이 주체가 되어 하나님께 원하는 것은, 기도를 통한 응답을 받는 것입니다. 내 힘으로는 도저히 할 수 없는 일을 기도를 통하여 하나님의 도움과 해결을 받기 원합니다. 기도해야 응답이 있 을 수 있기 때문입니다.

구약성경 + 신약성경 66권의 창세기부터 요한계시록까지 모든 내 용의 핵심을 말한다면 그것은 예배와 기도입니다.

창세부터 지금까지 약 6,000년 세월 동안, 하나님께 예배를 드린 사람은 기도 응답과 구원을 받았고, 또 믿음으로 기도를 드린 사람은 하나님께 예배를 통하여 기도를 드렸습니다. 하나님을 찾아가서 만나 뵙고, 인사를 드려야 기도를 드릴 수 있지 않겠습니까. 만나 뵙고 인 사를 드리는 것이 예배인데, 예배를 드릴 때는 하나님께 대한 한없는 믿음과 존경심과 순종심을 표현하여 드려야 합니다. 그래야 하나님께 서 "아! 네가 신령과 진정으로 나에게 예배를 드리는구나." 하시고 아

시게 될 것입니다. 표현하지 않는 믿음은 믿음으로 인정받지 못합니다.

결론으로 하나님께는 "예배", 나는 "기도" 이 두 가지가 하나님께 대한 신앙심의 핵심입니다.

이 사실을 깨우치기까지 너무 오랜 시간이 지나갔습니다. 내가 우둔하기도 하지만, 타성에 젖어 목사님들의 설교에 맹목적으로 따라가고, 스스로 성경을 상고(詳考)하므로 생각하고 기도하여 하나님의 뜻이 무엇인지 알려고 하지 않았던 나의 자아가 문제였습니다.

> 베뢰아에 있는 사람들은 데살로니가에 있는 사람들보다 더 너그러워서
> 간절한 마음으로 말씀을 받고 이것이 그러한가 하여 날마다 성경을
> 상고하므로 (사도행전 17:11)

이제 알았습니다.

지금까지 목사님 설교가 중심이 되어있는 예배를 하나님께 대한 예배라고 생각하면서 드려왔던 주일예배는 하나님께서 원하시는 예배가 아니었다는 사실을 알았습니다. 지금까지 예배라고 생각하였던 목사님 설교 중심의 예배는 그냥 성경 강의 시간이었음을 알았습니다. 목사님들은 하나님께서 그들에게 맡긴 교사로서의 사명을 온전히 감당하여 온 것에 대하여는 칭찬받기에 충분하지만, 다만 성경 강의를 예배라고 호도하여, 교인들이 진정한 예배를 드리지 못하게 훼방한 죄는 반드시 회개하고 돌이켜야 할 것입니다.

내가 하나님 면전에 나아가서 무릎 꿇고 큰절을 하여 예배를 드린 적이 있었던가 돌이켜 보면, 까마득한 옛날 기도원에서 엎드려 기도하던 그때가 생각이 납니다. 하나님은 성경 지식이 풍부하고, 성경 시험에서 100점 맞는 사람을 기다리시는 것이 아니라, 성경을 잘 몰라

도, 예의를 갖추고 예절을 지키며 하나님께 큰절을 하여 예배하며 문안을 드리기 원하는 또 실행하는 그런 사람을 원하시고 계심을 이제 알았습니다.

나의 머리를 땅바닥에 닿도록 낮추는 행위는 나의 자아를 완전히 죽이고, 오직 하나님에 대한 믿음과 복종만을 표현하는 행위임을 깨우치게 되었습니다.

영(靈)이신 하나님께 신령과 진정으로 예배하는 저와 여러분들이 되기를 예수님 이름으로 기도하면서 성경 말씀들 중에서 더 깊이 상고(詳考, 상세하게 참고하거나 검토한다는 뜻)해야만 할 말씀들을 모아 함께 상고해 보기를 원하여 이 책을 쓰게 되었습니다.

V

설교 Room만 있고 지성소는 없는 교회를 리모델링하라.

1. 예수님이 교회를 세우신 목적은 무엇일까요?

교회에 대해 여러 가지 이야기들을 하곤 합니다. 어떤 이는 교회란 믿는 사람들의 모임이라고 하고, 교회 건물은 교회가 아니라고 하기도 하고, 한편에서는 교회를 성전이라고 하고, 교회 건축에 온 신경을 쓰는 이도 있습니다. 그러면 도대체 교회란 무엇일까요.

또 내가 너에게 이르노니 너는 베드로라 내가 이 반석 위에 나의 교회를
세우리니 음부의 권세가 이기지 못하리라 (마태복음 16:18)

예수님이 말씀하시길 베드로가 바로 반석이라고 하시면서 반석 위에 교회를 세우시겠다고 하십니다. 그러니까 사람 베드로 위가 아니고, 베드로의 반석 같은 믿음 위에 교회를 세우시겠다는 말씀을 하십니다. 그러면 이 말씀이 나오기 전에 먼저 나왔던 말씀을 살펴봅니다.

13 예수께서 빌립보 가이사랴 지방에 이르러 제자들에게 물어 이르시되 사람들이 인자를 누구라 하느냐 14 이르되 더러는 세례 요한, 더러는 엘리야, 어떤 이는 예레미야나 선지자 중의 하나라 하나이다 15 이르시되 너희는 나를 누구라 하느냐 16 시몬 베드로가 대답하여 이르되 주는 그리스도시요 살아 계신 하나님의 아들이시니이다 17 예수께서 대답하여 이르시되 바요나 시몬아 네가 복이 있도다 이를 네게 알게 한 이는 혈육이 아니요 하늘에 계신 내 아버지시니라 (마태복음 16:13-17)

즉 예수님은 "살아 계신 하나님의 아들이시다."라는 말을 베드로가 함으로써 그의 믿음이 반석 같다고 예수님이 인정하신 것입니다. 그리고 그 위에 예수님이 교회를 세우셨습니다. 교회의 주인은 누구입니까. 당연히 세우신 분, 예수님이 주인이십니다. 그러면 예수님은 누구를 향하여 교회를 세우셨을까요. 당연히 예수님은 "하나님의 아들이시니"라고 하셨으니 아들이 아버지를 위하여, 하나님을 믿고 경배하기 위하여 교회를 세우셨습니다.

이렇게 세워진 교회는 하나님을 믿는 사람들이 와서 그들이 정말 하나님을 믿는지를 또 얼마나 간절히 진정으로 믿는지를 하나님께 표현하여야 합니다. 그러므로 모이는 장소도 필요하고, 모이는 사람도 필요합니다. 따라서 교회는 믿는 사람들의 모임이자 모이는 장소를 뜻합니다.

교회를 세우신 목적은 무엇일까요. 그 목적은 단 한 가지, 하나님을 향한 "믿음을 표현하기 위하여"입니다. 반석 같은 믿음을 표현하기 위하여서 하나님 앞에 나와야 합니다. 거기에, 예수님이 세우신 교회에 하나님께서 오시고, 믿는 사람을 기다리고 계십니다. 야훼 하나님께 얼굴을 나타내고 보여드려야 합니다.

하나님께서 말씀하시기를 너희 모든 남자는 매년 세 번씩 주 야훼

께 보일지니라 (출 23:17, 출 34:23)

만약 교회에서 "주 야훼께" 얼굴을 보여드리지 아니한다면, 거기는 교회라고 칭할 수 없을 것입니다. "얼굴을 보여드린다"라 함은 하나님 면전에 간다는 뜻이고, "하나님 면전에 갔다" 함은 믿음이 있기 때문이요, 만약 믿음이 있다면, 그 믿음을 하나님께 표현해야만 할 것입니다.

여호와께서 사무엘에게 이르시되 그의 용모와 키를 보지 말라 내가 이미
그를 버렸노라 내가 보는 것은 사람과 같지 아니하니 사람은 외모를
보거니와 나 여호와는 중심을 보느니라 하시더라 (사무엘상 16:7)

사람이 마음속의 믿음을 온전히 보이려면, 믿음을 표현해야 합니다. 노아의 큰아들 샘의 후예라고 추정되는 동양인, 특히 한국인들의 전래되어 오는 인사 예절에 의하면, 하나님 면전에 나간다면 당연히 큰절을 드리고 간절하게 경건하게 믿음을 표현해야 합니다. 만약 하나님 면전에 나갔음에도 불구하고 뻣뻣하게 서서 묵례만 까딱 한다면 그 사람의 마음속에 믿음이 있다고 할 수 있겠습니까. 믿음이 있을 리가 없지요.

하나님께 큰절을 하여 인사를 드리는 행위를 예배라고 합니다.

예배를 드리는 교회에는 예배를 받으시는 하나님께서 계십니다. 또 하나님께서 계시기 때문에 교회의 주인 되시는 예수님도 계십니다. 그러나 만약 예배를 드리지 않는다면, 거기에는 하나님이 아니 계시고, 또 예수님도 당연히 아니 계십니다.

지금 성도님의 교회에는 예배가 있습니까? 목사님이 주관하여 설교하고 찬송하는 기존의 자칭 주일예배에는 하나님을 향한 예배(큰절)가 없음을 직시해야 합니다.

조금 나아가사 얼굴을 땅에 대시고 엎드려 기도하여 이르시되 내 아버지여 만일 할 만하시거든 이 잔을 내게서 지나가게 하옵소서 그러나 나의 원대로 마시옵고 아버지의 원대로 하옵소서 하시고 (마태복음 26:39)

예수님도 하나님 면전에 나아가서 기도할 때 땅에 얼굴을 대실 정도로 큰절을 올려 예배를 드리면서 기도하셨음을 봅니다. 하물며 허물 많은 우리가 어찌 감히 이마가 바닥에 닿도록 큰절을 올리지 않을 수가 있다는 말입니까. 자칭 주의 종이라고 주장하는 목사들조차 교회 강대상에 올라가서 주일예배를 드린다고 하면서 큰절을 드리지 않고 묵례만 하는 행위는 용납될 수 없음을 직시해야 합니다. 그렇게만 하는 교회에는 하나님도 아니 계시고 당연히 예수님도 아니 계십니다.

정리하면, 교회는 믿는 자가 하나님께 얼굴을 보여드리기 위해 찾아가는 곳이요, 하나님 면전에 찾아가면 먼저 믿음의 표현으로 큰절을 드려 예배를 하고, 문안을 드리고, 하나님께서 찾아온 상도에게 하실 말씀이 있으시면 하시기까지 기다릴 것이요, 아무런 말씀이 없으시더라도 그것으로 족하며, 문안을 마치면, 하나님께 험한 세상 살아가는 사람으로서 사람의 능력으로는 도무지 해결할 수 없는 기도 제목이 있다면, 그것을 하나님께 아뢰고 해결하여 주십사 말씀드리는 곳이 교회입니다.

2. 하나님께서는 왜 성막을 이렇게 초라하게 만드셨을까요?

예루살렘 성막달라마리아정교회 건물, 아이슬란드 할그림스키르캬 교회 건물, 바르셀로나 라사그라다파밀리아교회 건물, 등등 전 세계에 산재해 있는 거대하고, 수백 년 기간 동안 건축된 바로크양식, 고딕양식의 화려함의 극치를 이루는 건물들이 교회 건물들입니다. 건물 내로 들어가면 그 웅장함에 압도를 당합니다. 높은 천정에 거대한 돌기둥, 화려한 그림에 장엄한 파이프오르간의 소리 등에 압도되지 않을 사람 없습니다. 저절로 고개가 숙여 집니다. 교회 건물이 차지하고 있는 면적 또한 수천 평, 때로는 수만 평에 달합니다. 이 건물의 설계자, 건축가, 미술가, 음악가 등등 많은 사람이 존경과 사랑을 받습니다. 그러나 이 건물을 통하여 하나님을 우러러보는 사람은 극히 적습니다.

그런데 만유의 주 되시는 하나님께서 모세를 통하여 지으라고 명하신 성막은 어떻습니까. 성막은 언제든지 옮길 수 있는 천막입니다. 화려한 그림도 없고, 장엄한 음악도 없습니다. 성막 전체 면적은 300평이 넘지 않고, 그 안에서 지성소와 성소의 면적은 고작 18평에 불과합니다. 참고로 솔로몬이 건축한 성전의 지성소, 성소 면적은 70평 정도였습니다.

하나님께서 능력이 없으셔서 고작 18평 지성소(6평), 성소(12평)를 만드신 것이 아닙니다. 6평 좁은 공간을 만드시고 거기에 하나님께서 임재(presence of God)하신 이유는 자칫 잘못하면 사람이 만든 건물이 경배의 대상이 될 염려가 있기 때문에 초라한 천막으로 성막을 허락하신 것입니다. 이는 예수님이 초라한 말 구유간에서 태어

나심이 성령으로 잉태되어 태어나신 예수님을 더 돋보이게 하려 하심과 같습니다.

오늘날 우리 하나님을 믿는 사람들은 현대 교회건물의 화려함에 속지 말아야 합니다. 좁디좁은 6평짜리 작은 공간에 임재하시는 하나님을 바라보아야 합니다. 지금 성도님이 출석하고 있는 교회가 대형 건물이든, 소형 건물이든 불문하고 그 건물 안에 지성소 6평과 성소 12평이 준비되어 있어야 합니다. 거기서 하나님을 만나 뵙고 예의와 예절을 다해 예배를 드릴 수 있게 되길 기도드립니다.

3. 현실에서 기존 교회 건물 안에서는 하나님께 예배 드릴 Room이 없습니다. 각자가 예배드릴 공간을 찾아야 하는데 참으로 쉽지 않습니다. 이것이 문제입니다.

지난 주일에도 어김없이 예배를 드리러 교회에 갔습니다. 대성전 앞 로비에 낯익은 얼굴들이 반가이 맞이합니다. 할렐루야! 교역자들과 봉사자들로부터 예배 순서를 담은 주보와 교회 신문을 받고, 반가이 인사를 하면서 대성전 안으로 들어갑니다. 매번 교회에 가는 마음은 예수님에 대한 감사와 하나님께 드릴 예배에 대한 설렘과 또 받을 축복을 기대하는 마음입니다. 거기에는 경건함과 거룩함이 있어야 합니다.

그런데 성전에 들어서는 순간, 내 눈과 마음을 사로잡는 것들은 대형 스크린에서 영상으로 울려 퍼지는 교회 소식과 광고 소리가 내 귀와 머리를 가득 채우고, 벽면을 가득 채우고 있는 온갖 광고 인쇄물들이 내 눈을 사로잡습니다. 그 어디에도 경건함이나 거룩함은 없습니다.

그냥 습관적으로 의자에 앉아 예수님 이름으로 하나님께 기도합니다. 오늘 이 시간 하나님께 큰절을 함으로써 예배를 하는 행위를 하는 것이 아니라, 짧은 시간 동안 나의 원하는 것들을 나열하며 "주시옵소서."라고 기도하는 것이 전부입니다. 준비 찬송을 합니다. 하나님을, 또 예수님을 찬양한다고 하지만, 실제는 나의 마음을 뜨겁게 하거나, 차분하게 하거나 또는 기뻐하고 감사하게 하는, 나의 마음속에 하나님과 예수님을 더욱더 사모하는 마음이 충만하게 되는 효과를 기대하면서 찬송가를 부릅니다.

예배가 시작됩니다. 사회자가 성경 한 구절을 읽고, 성도들 그리고 성가대가 찬양을 합니다. 장로가 강단 위로 올라와서 교인들을 대표하여 하나님께 기도합니다. 나라와 민족, 개인 각자의 기도 제목을 위하여 등등, 그러나 반드시 하는 기도로 담임목사님을 위한 기도를 빠뜨리지 않습니다. 왜냐하면 교회가 잘되려면 담임목사님이 잘되어야 하기 때문입니다. 담임목사님과 교회는 거의 동일체(同一體)로 여겨지고 있기 때문입니다. 그다음 순서로 오늘 예배의 주된 시간, 즉 설교 시간입니다. 목사님이 하나님 말씀을 대언(代言)한다고 합니다. 성경 몇 구절, 이스라엘 역사, 예화, 뉴스, 또는 유명한 사람들이 한 말 등등을 합하여 설교를 합니다. 그렇지만 자세히 들어보면 강의이고, 교육이며, 도덕이고 주장입니다. 그러면서도 목사님 말씀이 하나님 말씀이라고 주장합니다. 설교가 끝나면 기도, 헌금, 광고 등을 하고 예배를 마칩니다.

문제는 약 한 시간에 걸친 예배 시간 동안 정작 하나님께 대한 인사, 즉 예배와 문안은 없었다는 점입니다. 하나님께 인사도 아니 하고 문안도 아니 하였으니, 거기에 하나님이 계실 리가 없고, 예수님도 성령님도 계실 리가 없습니다. 하나님을 간절히 찾고 찾는 이유가 하나님께 인사를 드리기 위함인데, 인사를 할 생각은 아니 하면서, 사람들 끼리끼리 모여 자기들이 성경공부를 하면서 하나님이 와 계시다고 강변하며 착각하고 있는 상황입니다.

언제부터 예배가 이렇게 변질되었는지는 잘 모르겠습니다. 다만 생각이 들기로는 옛날 뱀이 하와를 유혹할 때 "먹어도 안 죽어. 오히려 눈이 밝아져."라고 하여 하와가 하나님 말씀을 거역하였듯이, 또 이스라엘 사람들이 사탄의 유혹에 빠져 포로 생활 등으로 환경의 어려움을 핑계 삼아 성막 예배를 멀리하게 된 것이 그 시작은 아닌지 하는 추측을 해 봅니다. 또 신약 시대 예수님이 승천하신 후에도 제자들에게서 성막예배에 대한 행위를 찾아보기 어려운 것 같습니다. 바울도 일곱 교회에 대해 교인들의 행위와 교회의 역할에 대해서는 많은 말을 하였지만, 정작 하나님께 대한 예배를 어떻게 드려야 하는지 언급은 찾아보기 어렵습니다. 혹시 예수님의 제자들도 사탄의 유혹에 자신들도 모르게 빠져서 하나님께 대한 예배보다 예수님의 말씀 전파에 치중하다 보니, 진정한 예배를 잃어버리게 된 것은 아닌지 생각해 보게 됩니다. 또는 혹시 예수님 제자들이다 보니까 너무 지나치게 예수님만 강조하다가 하나님을 소외시키지나 않았는지, 그래서 하나님께 대한 예배를 별로 언급하지 않았는지 추측하여 봅니다.

다시 예배를 복원해야 합니다. 진정한 예배가 없다 보니, 주일예배를 마치고 교회를 나올 때 마음이 더 무겁고 뭔가 허전한 느낌에 휩싸이게 되는 것입니다.

하지만 현실은 참 암담합니다. 장의자들이 쫙 깔려 있는 성전에서 땅바닥에 꿇어 엎드릴 수도 없고, 또 그렇게 한다 치더라도 이상한 사람 취급만 받을 겁니다. 도무지 큰절을 하여 하나님께 인사를 드릴 방법이 없습니다. 또 하나님께서 원하셨던, 성막에서 드렸던 예배와 동일하게 예배를 드릴 방법이 없습니다.

그럼에도 불구하고 성막에서 이스라엘 사람들이 드렸던 예배와 동일한 예배를 드려야 합니다. 하나님께서 그와 동일한 예배를 받으시길 원하고 계십니다. 하나님께서는 지금 당신이 하나님 앞에 당신의 얼굴을 보여주기를 기다리고 계십니다. 그래서 교회 안에 강의 Room과 예배 Room을 구분하여 설치하여야 한다고 봅니다.

만약 그것이 기존 교회가 수용하기가 불가능하다면, 하나님께 간절히 기도드립니다. "하나님 아버지, 성막예배를 드릴 수 있는 공간을 주시옵소서."

4. 교회는 지성소, 성소와 설교실을 구분해야 하며, 지성소, 성소를 우선 설치하여야 합니다.

예배와 설교를 명확하게 구분하고, 예배하는 장소와 설교하는 장소를 구분해야 합니다. 그리고 하나님께서 받으실 예배를 드려야 합니다. 예배는 교인이 하나님께 나아가 문안 인사를 드리는 것이며, 예배를 드리는 도중에 하나님께서 나에게 하시는 말씀이 있으신지 조용히 귀를 열고 말씀을 기다립니다. 그러면서 또 교인에게 간절한 소망이 있으면 하나님께 조용히 말씀을 올리는 것이 기도입니다.

이 과정에서 하나님과 교인 사이에 오직 예수님과 성령님만이 계십니다.

반드시 유념해야 할 점은, 예수님은 예배의 대상이 아니라 하나님과 예배를 드리는 사람 사이에서 대제사장으로서의 역할을 담당하고 있다는 점입니다.

목사님이 할 일은 교회에서 성경을 가르치는 목사로서, 청지기로서 교인이 하나님께 예배를 드릴 수 있게 환경을 조성하고 관리하는 일입니다. 목사는 예배의 조력자이지 주인공도 아니고 대행자 또는 중재자도 아님을 분명히 해야 합니다. 예배의 중간 중재자는 오직 대제사장 되시는 예수님과 성령님뿐이십니다.

5. 교회가 십일조를 징수할 명분이 사라졌고, 십일조가 교회 타락의 원인이 되었습니다. 십일조의 시작은 이러합니다.

십일조는 각 사람의 토지 소산물의 십 분의 일을 제사장에게 바치도록 한 하나님께서 정하신 규례입니다. 십일조의 시작은 아브라함이 전리품 중에서 십일조를 멜기세덱에게 주었고, 하나님께서 맡기신 일을 하는 대제사장이 멜기세덱이었기에 시작되었습니다.

너희 대적을 네 손에 붙이신 지극히 높으신 하나님을 찬송할지로다 하매
아브람이 그 얻은 것에서 십 분의 일을 멜기세덱에게 주었더라
(창세기 14:20)

그다음으로는 하나님께서 레위지파 레위인들에게 십일조를 허락하셨습니다. 야곱과 레아의 셋째 아들인 레위의 후손을 레위지파라고 하는데, 레위는 야곱의 열두 아들 중 한 사람에 포함되기는 하지만 (12지파 중 하나의 지파), 그들에게는 출애굽 이후 땅이 배정되지 아니하였고, 다만 하나님께 제사를 드리는 성막의 일을 담당케 하셨습니다. 그리하여 레위 지파는 하나님이 직접 보호하시는 하나님의 소

유가 되는 지파가 되었습니다.

보라 내가 이스라엘 자손 중에서 레위인을 택하여 이스라엘 자손 중에
태를 열어 태어난 모든 맏이를 대신하게 하였은즉 레위인은 내 것이라
(민수기 3:12)

하나님께서 레위 지파를 직접 소유하신 이유는 하나님께 바치는 성
스러운 제사의 모든 일을 레위 지파가 맡아서 수행하도록 함이었습니
다. 레위에게는 땅이 없어 생활에 필요한 수입이 없었고, 오직 하나님
께서 허락하신 십일조만이 그들의 수입이 되었습니다.

레위 지파가 맡은 일은 성막과 제사를 관장하는 일들이었고, 이는
생명을 걸고 해야 하는 중대한 일이었습니다. 제사를 잘못 지내서 규
례에 어긋나는 행동을 하게 되면 목숨을 잃을 수도 있었습니다. 또한
세상에서 가장 피비린내 나는 험한 일이었습니다. 제사를 드릴 때마
다 성전 뜰에서 짐승을 죽이고 각을 뜨는데, 발버둥치며 죽어가는 짐
승을 보기에도 힘든 일이었지만, 피가 튀고 살이 찢어지는 광경을 매
일 본다고 상상해 보기 바랍니다. 얼마나 끔찍하고 그 피 냄새에 진
저리가 쳐질지 상상하기도 어렵습니다. 이런 일을 레위지파가 했습니
다.

그 대가로 하나님께서 레위지파에게 땅과 기업도 주시지 아니하면
서 성막과 지성소를 지키며, 하나님께 드리는 제사의 모든 일을 다 맡
아 하게 하신 대가로 십일조를 그들에게 돌리셨습니다.

이스라엘 자손이 여호와께 거제로 드리는 십일조를 레위인에게 기업
으로 주었으므로 (민수기 18:24)
내가 그들에 대하여 말하기를 이스라엘 자손 중에 기업이 없을 것이라

하였노라 너는 마땅히 매년 토지 소산의 십일조를 드릴 것이며
(신명기 14:22)
셋째 해 곧 십일조를 드리는 해에 네 모든 소산의 십일조 내기를 마친
후에 그것을 레위인과 객과 고아와 과부에게 주어 네 성읍 안에서 먹고
배부르게 하라 (신명기 26:12)

그리하여 십일조는 정말 경건하면서도 거룩한 규례이었으며, 이스
라엘 사람들은 반드시 지켜야 할 규례였습니다.

6. 그러한 십일조의 근본 목적이 변질되기 시작합니다.

먼저 십일조는 옛날이나 지금이나 너나 할 것 없이 돈과 관련된 매
우 민감한 사안입니다. 부자든지 가난한 사람이든지 돈은 누구에게나
소중한 것입니다. 그래서 자기 호주머니 속에 들어있는 돈을 꺼내서
다른 사람에게 준다는 것은 정말 어려운 결정이 될 수밖에 없습니다.
아무리 돈 많은 부자도 스스로 합당한 이유를 찾아야 돈을 냅니다. 돈
을 내는 데는 두 가지 경우가 있습니다.

첫째는 강제로, 거부할 수 없는 압력에 의해 돈을 내는 경우이고,
둘째는 본인이 좋아서 스스로 돈을 내는 경우입니다.

십일조의 경우에는 어디에 해당이 된다고 생각하십니까.

구약 시대에는 하나님께서 정하여 두신 규례에 따라 십일조를 하였
으니 강제라고 볼 수도 있기는 하지만, 본질적으로 열한 지파는 땅을
배분받았지만, 레위 지파만은 땅을 배분받지 못하였습니다. 레위 지
파의 지분을 다른 열한 지파가 가지고 갔으니, 다른 열한 지파가 십일

조를 부담하는 것은 당연하다고 볼 수 있을 것입니다. 그러니 강제라고 할 수 없었습니다.

반면에 신약 시대에 들어와서, 특히 현대에 와서는 십일조에 대한 권리를 가지고 있던 레위지파 사람들이 이미 사라졌기 때문에 실질적으로 하나님께서 하라 하신 십일조는 사라졌다고 볼 수 있게 되었습니다.

이러한 상황에서 일부 교인들은 그래도 자발적으로 감사해서 십일조를 교회에 내고 있지만, 다른 일부 교인들은 교회가 십일조를 내라고 강요하고 있다고 느낄 수 있어서, 반강제성을 느끼게 될 수 있는 상황에 이르고 있습니다.

그로 말미암아 일부 교인들은 십일조 때문에 시험에 들게 되고 실망하여 하나님을 믿지 않게 되는 부작용이 나타나는 경우가 있음을 볼 수 있습니다.

십일조가 오히려 독이 되는 경우를 반드시 경계하여야 하리라 봅니다.

십일조는 하나님 성막에서 일하는 레위인의 몫이었습니다.

여기에는 아무런 조건도 없었고, 또한 십일조를 바치는 사람들에 대한 아무런 대가 또는 보상이 없는 완전한 하나님의 명령이었습니다. 왜냐하면 토지 소산의 십 분의 일은 하나님 것이기 때문입니다.

사람이 "내가 십일조를 바치는데 그 보상으로 하나님으로부터 무엇이든지 대가 또는 반대급부 보상을 받아야 하겠다."라고 생각한다면 그것은 크게 잘못된 것입니다. 십일조는 하나님께서 하늘나라에서 필요하여 사람들로부터 거두어들이는 물질이 아니라, 하나님의 명을 받들어 성막의 일을 하는 레위인들을 위한 레위인들의 것이었습니다. 그러함에도 불구하고 구약성경 마지막 말라기에서 십일조로 하나님을 시험하라고 하고 있고, 또 십일조를 내지 않는 것은 도적질이라고 하고 있습니다.

8 사람이 어찌 하나님의 것을 도둑질하겠느냐 그러나 너희는 나의 것을
도둑질하고도 말하기를 우리가 어떻게 주의 것을 도둑질하였나이까 하
는도다 이는 곧 십일조와 봉헌물이라 9 너희 곧 온 나라가 나의 것을 도
둑질하였으므로 너희가 저주를 받았느니라 10 만군의 여호와가 이르노
라 너희의 온전한 십일조를 창고에 들여 나의 집에 양식이 있게 하고 그
것으로 나를 시험하여 내가 하늘 문을 열고 너희에게 복을 쌓을 곳이
없도록 붓지 아니하나 보라 (말라기 3:8-10)

그러나 현대에 와서 십일조를 하지 않았다고 해서 그것이 도적질이
될 수 없고, 또 십일조로 하나님을 시험한다는 말도 어불성설이라 말
하지 않을 수 없습니다.

왜냐하면 하나님께서 십일조를 이미 레위지파에게 주셨고, 더구나
이 세상 모든 물질이 다 하나님 것이지, 특별히 십일조만 하나님 것이
아닙니다. 그러므로 십일조를 바치지 아니하였다 할지라도 그것이 하
나님 것을 도적질하였다고 볼 수는 없습니다. 오히려 레위 지파의 것
을 도적질했다고 함이 맞겠지요. 그러나 이미 하나님의 성전 곧 성막
이 사라진 세상에서 더 이상 레위 지파가 해야 할 성막 제단 관리 업
무가 없어진 마당에, 십일조는 그 취지가 퇴색될 수밖에 없게 되었습
니다.

또한 더 중요한 점은 말라기가 말하기를 하나님께서 십일조로 하나
님을 시험하라고 하셨다 하는데 거룩한 하나님을 어찌 십일조 따위로
시험할 수 있겠습니까? 하나님을 시험하다니요? 이 얼마나 불경스러
운 말인가요?

또 십일조를 바치면 복을 쌓을 곳이 없을 정도로 내려준다고 말하는데, 이 뜻은 십일조에 대한 반대급부 보상을 하겠다는 뜻인데, 이 또한 하나님께서 이러한 유의 말씀을 하셨는지 성경에서 예를 찾아볼 수 없습니다.

7. 돈이 교회를 부패하게 만들고 있으므로 십일조를 폐지하고, 자발적 헌금만 하도록 해야 합니다.

돈을 사랑함이 일만 악의 뿌리가 되나니 이것을 탐내는 자들은 미혹을 받아 믿음에서 떠나 많은 근심으로써 자기를 찔렀도다

(디모데전서 6:10)

오늘날 모든 교회 목회자들이 수입의 십일조를 바치라고 강조합니다. 이렇게 바쳐지는 돈의 액수가 어마어마합니다. 물론 가난한 개척교회도 있지만, 그 개척교회도 얼마 지나지 않아 십일조가 쌓여 중견교회가 되고 대형교회가 되는데, 거의 모든 중, 대형교회가 돈이 넘쳐나서 화려하고 웅장한 교회 건물 건축에 돈을 쏟아붓고 있습니다. 돈이 넘쳐나서 주체를 못 하게 되니 각종 사업체를 만듭니다. 이름하여 성사업(聖事業)이라고 자칭(自稱)합니다. 목회자는 재단 이사장도 맡고 각종 직함을 만들어 명함을 새기고, 목에 힘이 꽉 들어가서 거들먹거립니다.

전대의 돈을 가지지 말고 두 벌 옷도 입지 말라고 당부하신 예수님 말씀도 잊어버렸습니다.

그리고 담임목사는 호의호식합니다. 배가 부른 목사는 더 이상 하나님께 부르짖어 기도할 필요성을 느끼지 못하게 되며, 이들이 가장 싫어하는, 절대 언급하길 꺼리는 하나님의 말씀을 까맣게 잊어버리게 됩니다. 말과 행동이 당연히 불일치하게 되며, 세상 사람들은 차츰차츰 목회자들에게 의구심을 가지게 됩니다.

열두 제자를 부르사 둘씩 둘씩 보내시며 더러운 귀신을 제어하는 권세를 주시고 명하시되 여행을 위하여 지팡이 외에는 양식이나 주머니나 전대의 돈이나 아무것도 가지지 말며 신만 신고두 벌 옷도 입지 말라 하시고
(마가복음 6:7-9)

일 년 사례비가 수억 원에 이르고, 선교비 별도, 판공비도 별도로 있으며, 각종 외부 강연에서 받는 돈이 일반인들의 상상을 초월합니다. 그러다 보니 거의 모든 설교가 기복신앙에 바탕을 두게 됩니다. 십일조를 안 하면 하나님 재물을 도적질하는 거다. 십일조를 안 하면 하나님 축복은 없다. 십일조를 안 하면 믿음이 없다. 십일조를 많이 내면 낼수록 바치는 돈에 정비례하여 축복도 많이 받는다. 세계적 부호 록펠러도 십일조를 드렸기 때문에 복을 받아 부자가 되었다. 그러니 당신도 십일조를 해라. 말도 안 되는 소리를 하면서 하나님의 이름을 팔게 됩니다. 돈, 돈, 돈이 곧 축복이고 신앙의 목적이 되어 갑니다.

어떤 장로가 사업이 너무 잘되어 돈을 엄청 벌었습니다.

목사님이 사업장도 방문하여 예배도 드리고, 교인들이 함께하여 축복기도를 드립니다. 부자 장로는 수천만 원 십일조와 수천만 원 감사헌금을 교회에 바칩니다. 교회 안에서 제일 믿음이 좋은, 성령이 충만한 장로라고 칭찬이 자자합니다. 늘 목사님과 동행하면서 자기가 세

상 제일 믿음이라고 착각합니다. 그러다가 IMF가 와서 사업이 쫄딱 망했습니다. 회사도 잃고, 집도 잃고 무일푼이 되었습니다. 이때부터 목사도 교인들도 이 장로를 외면합니다. 누구도 성령 충만한 장로라고 말하지 않습니다. 점차 잊혀져 갑니다.

이것이 십일조만 강조, 강요하는 교회의 실상입니다.

돌이켜 보면 교회에 돈이 없던 가난한 시기에는 예수님 이름만 찾았습니다. 예수님 이름으로 하나님께 간구하는 것 이외에 할 수 있는 것이 없었습니다. 천막교회, 기도원 차가운 땅바닥에 웅크리고 쪽잠을 자면서도 예수님 이름으로 하나님께 기도했었고, 교회 예배당에 물이 새도 불평하는 자 없었고, 허름하고 작은 예배당이 오히려 더 애정이 가는 귀하고 귀한 예배처였고, 기도처였습니다.

단벌옷만 입으면서 기도하느라 눈이 퀭한 초라한 모습의 목사도 오히려 더욱더 거룩한 모습으로 보여졌습니다. 그때가 예수님이 가장 우선이었고, 가장 하나님 은혜 아래 있었던 시절이었습니다.

지금의 교회는 어떻습니까?

지금의 교회에서 가장 앞에 있는 것은 "돈"과 "세상 권력"입니다. 예수님 이름은 습관적으로 또 필요할 때 불리는 입에 발린 호칭과 같게 되고 있습니다.

이래서는 안 됩니다. 교회가 바뀌어야 합니다.

이제는 우리의 마음과 믿음이 가난했던 시절의 우리 마음과 믿음으로 되돌아가야 합니다. 땅바닥에 엎드려 하나님께 예배를 드려야 합니다. 예수님 이름으로 그의 나라와 의를 구하는 기도를 해야 합니다. 이를 위해서 교회가 가난해져야 됩니다. 다른 말로 표현하자면, 교회에 돈을 쌓아두면 아니 됩니다. 하나님께서 매일 그때 그때 필요한 것을 채워주심을 믿어야 합니다.

이스라엘 자손이 그같이 하였더니 그 거둔 것이 많기도 하고 적기도
하나 오멜로 되어 본즉 많이 거둔 자도 남음이 없고 적게 거둔 자도 부
족함이 없이 각 사람은 먹을 만큼만 거두었더라 모세가 그들에게 이르기
를 아무든지 아침까지 그것을(만나를) 남겨두지 말라 하였으나 그들이
모세에게 순종하지 아니하고 더러는 아침까지 두었더니 벌레가 생기고
냄새가 난지라 모세가 그들에게 노하니라 (출애굽기 16:17-20)
곧 헛된 것과 거짓말을 내게서 멀리하옵시며 나를 가난하게도 마옵시고
부하게도 마옵시고 오직 필요한 양식으로 나를 먹이시옵소서
(잠언 30:8) 우리에게 날마다 일용할 양식을 주시옵고 (누가복음 11:3)

십일조가 목사를 변질시키고, 나아가서 교회를 더럽힙니다. 교회의 중심은 지성소와 성소입니다. 성소를 관리, 유지하는 데 필요로 하는 돈은 큰돈이 아닙니다. 십일조를 폐지하고 다른 종류의 감사헌금으로 대체하여 교인 스스로 자발적으로 헌금을 하게 함이 바람직합니다.

VI

본분(本分)에서 벗어난 목사의 두 가지 회개 거리

1. 목사의 본분(本分)은 무엇입니까?

예수님이 어떤 사람은 사도로, 어떤 사람은 선지자로, 어떤 사람은 복음 전하는 자로, 어떤 사람은 목사와 교사로 삼으셨으니 (에베소서 4:11)

예수님이 목사를 세우셨습니다. 목사만 세우신 것이 아니라, 사도, 선지자, 복음 전하는 자, 목사 그리고 교사로 불특정 다수의 사람들, 즉 어떤 사람을 세우셨습니다. 그들에게 예수님이 무슨 특권을 주신 게 아닙니다. 그들에게 무슨 목사 자격증을 발행하여 주신 게 아닙니다. 당시에 유대인들에게는 랍비라는 선생이 있어서 유대인들에게만 구약성경을 가르쳤지만, 예수님이 오셔서 유대인만에 대한 하나님의 제한적 선택을 해지하고, 유대인이나 이방인이나 동등하게 하나님을 믿을 수 있게 문호를 개방하셨습니다.

그로 말미암아 새로이 하나님 말씀과 예수님 말씀을 전파해야 할 대상이 급격하게 많아졌습니다. 그래서 사도, 선지자, 복음 전하는 자, 목사 그리고 교사로 불특정 다수의 사람들을 세우시게 되었습니다. 목사의 주(主)된 사명, 즉 본분(本分)은 교사와 같이 성경 말씀을 가르치는 것입니다.

그런데 목사도 사람이다 보니, 그 마음속에 있는 자아와 믿음이 늘 충돌하는데, 목사로서 다중 앞에서 시선을 받고, 높임을 받고 대접을 받게 되니까, 믿음보다 자아가 앞서는 죄를 범할 가능성이 높아지게 됩니다. 그만큼 목사가 다른 사람들 앞에 나서서 성경의 하나님 말씀을 가르친다는 것은 매우 어려우면서, 또 위험성을 내포하는 일입니다. 이 고비를 극복하지 못하면 결국에는 하나님 앞에 죄를 짓게 됩니다.

첫 번째 짓는 죄는 하나님께서 받으시길 원하시는 예배를 드리지 아니하고, 목사가 자신이 강의하는 성경 설교를 예배로 호도하여, 교인들이 하나님을 만날 수 없게 만들고, 문안 인사를 드릴 수 없게 만들고, 성경 강의가 예배라고 오도한 죄입니다. 성경 강의를 예배인 듯이 착각(錯覺)하게 하여 교인이 하나님께 대한 예배를 못 드리게 호도(糊塗)하여 오도(誤導)하고 있습니다.

예배에 대하여 함께 살펴봅니다. 예배(禮拜)의 뜻은 '예의를 갖추어 절한다'는 뜻입니다. 언제? 일 년에 세 번 이상. 어디서? 하나님 앞에서. 누가? 내가 하나님께. 무엇을? 얼굴을 보여드린다. 즉, 하나님 앞에 나간다. 어떻게? 큰절을 올리고 인사를 드린 후 하나님 말씀을 듣기 위해 기다린다. 이 전체 과정이 예배입니다.

하나님께서 말씀하시기를 너희 모든 남자는 매년 세 번씩 주 야훼께 보일지니라 (출애굽기 23:17, 출애굽기 34:23)

그러면 지금 교회에서 행하고 있는 "예배라고 부르는" 행위와 절차는 어떻습니까.

순서대로 살펴보면, 예배를 시작하면서, 사회자가 성경 한 구절 읽고(묵상하면서), 찬송하고, 사도신경을 암송하고, 강사 목사의 설교와 연관된 성경 구절을 읽고, 전체가 다 함께 찬송하고, 장로가 회중을 대표하여 하나님께 기도하고, 성가대가 찬송하고, 이제 메인 타임으로 강사 목사가 설교를 하고, 새 신자를 환영하는 기도를 하고, 병 고치기 위한 신유기도를 하고, 집사가 헌금을 위해 기도하고, 찬송하고, 주기도문을 찬송으로 노래를 하고, 강사 목사가 예배를 마치면서 마무리 기도, 축도를 하고 예배를 마칩니다.

물론 순서 사이사이에 찬송도 추가하고, 광고 시간도 넣습니다. 영상 스크린을 통하여 광고도 하고, 한 주간 목사님의 활동도 모아서 교인들에게 보여줍니다. 거의 대부분 교회가 사소한 차이는 있겠지만, 예배의 순서가 이러합니다.

자 그러면, 함께 생각해 보고자 합니다.

찬송은 근본적으로 사람의 마음을 한곳으로 모으고자 하여 부르는 노래입니다. 하나님께서 찬송을 꼭 부르라고 말씀하신 적이 없습니다. 성막 안에서도 음악은 없었습니다. 사람이 자기 필요에 의해 만든 것이 찬송입니다. 성가대의 찬송은 더더욱 교인들의 마음을 성화(聖化)시키기 위함입니다.

기도는 골방에서 하나님께 해야 합니다. 길거리에서 남이 들으라고 큰 소리로 해서는 아니 됩니다. 강대상에서 큰 소리로 목사가 하는 기도는 교인들이 들으라고 하는 기도입니다. 교인들이 부르짖어 큰 소리로 하는 기도는 스스로 자신에게 하는 기도입니다. 광고도 교인들에게 보여주는 행위입니다.

그러면 메인 타임에 하는 목사의 설교는 누가 하는 말씀입니까? 목사가 하는 말입니다. 그러니까 설교 중에 세상 이야기도 하고, 신문 기사 이야기도 하고, 예화도 들고, 어떤 목사는 유행가도 부릅니다.

왜? 자신이 하는 설교 강의가 내용이 충분치 못하다고 스스로 느껴서, 예화를 들어 보충하여 설명을 해야 할 필요를 느끼기 때문입니다. 하나님께서 하시는 말씀이 아닙니다.

이 과정이 현재 교회의 예배 순서인데, 하나님께 대한 예배가 순서에 있습니까? 없습니다.

하나님께 대한 경건함도 없고, 당연히 큰절을 올려 인사를 드리는 예배도 없고, 예배가 없으니 예배를 받으실 하나님도 아니 계십니다. 오히려 예수 그리스도가 예배를 받는 분으로 호명되고 있지만, 예수님은 예배의 대상이 아닙니다. 예수님은 오직 하나님께 나아가는 길이요 희생 제물일 뿐입니다. 예수님은 하나님 받으실 영광을 가로채는 분이 아닙니다.

> 여호와 외에 다른 신에게 제사를 드리는 자는 멸할지니라
> (출애굽기 22:20)

교회에서 예배가 없어졌음을 깨닫고 바로잡아야 합니다. 먼저 예배의 뜻과 절차 등을 교인들에게 설명하고, 그동안 잘못을 회개하고 예배를 복원시켜야 합니다. 그 동안 교회에서 실시하였던 각종 예배가 참 예배가 아니었고, 목사가 성경을 가르치는 강의였음을 고백해야 합니다.

2. 목사의 첫 번째 회개 거리는 설교를 하나님께 대한 예배로 오도(誤導)하는 죄(罪)

목사들이 하나님 앞에서 가장 중요하고 무서운 죄(罪)를 범하고 있는데, 그것은 바로 성경을 목사들이 자의적으로 해석하고, 그것을 이용하여 자신들의 교회 내 지위를 격상시키기 위한 목적에 부합시키고자 하는 것이 죄(罪)입니다. 목사 자신이 스스로 성경을 해석한다든지 또는 신학교에서 전통적으로 전수되어 온 것을 배운 대로 하였든지 간에 하나님의 뜻을 왜곡시키는 것은 큰 회개 거리입니다.

대표적으로 하나님께 대한 예배가 있습니다 예배는 예수님이 반석 위에 교회를 세우신 목적입니다. 예배 없는 교회는 교회가 아닙니다. 왜 그렇습니까. 예배를 받으시는 분은 오직 한 분 하나님이십니다. 하나님 이외의 다른 대상에게 예배하면, 우리는 그것을 예배라고 부르지 않습니다. 하나님께 예배해야만 그것이 예배이고, 그 예배를 드려야만 그곳이 교회입니다. 그러므로 교회에는 반드시 예배가 있어야 하고, 예배가 있으므로 하나님께서 교회에 계십니다.

> 하나님께서 말씀하시기를 너희 모든 남자는 매년 세 번씩 주 야훼께
> 보일지니라 (출 23:17, 출 34:23)
> 또 내가 너에게 이르노니 너는 베드로라 내가 이 반석 위에 나의 교회를
> 세우리니 음부의 권세가 이기지 못하리라 (마태복음 16:18)

목사들에게는 예수님이 세우신 교회에서 하나님께서 명령하신 대로 야훼께 문안을 드리도록 교인들을 인도할 책임이 있습니다. 문안을 드릴 때 예의 없이 존경과 순종하는 마음 없이 아무렇게나 하고 하

나님 면전으로 나오는 무례를 행하지 아니하도록 교인들을 지도해야 할 책무가 있으며, 몸과 마음을 깨끗하게 정결하게 하고, 하나님께 나아와 큰절을 하여 인사를 드리도록 성도들을 지도해야 할 책무가 있습니다. 여기 큰절을 하는 행위가 예배입니다.

욥도, 예수님도 하나님 면전에 나아갈 때는 땅에 엎드리고(fell to the ground), 얼굴을 땅에 닿도록하여 예배하고(bow before YHWH) 기도하심을 봅니다.

그런데 어찌하여 사람이 감히 하나님 앞에 나가면서 몸과 마음을 씻지 아니하고, 아무렇게나 하고 나아갈 수 있단 말입니까. 하나님께서는 절대 용납하지 않으십니다.

욥이 일어나 겉옷을 찢고 머리털을 밀고 땅에 엎드려 예배하며
fell to the ground in Worship (욥기 1:20)
조금 나아가사 얼굴을 땅에 대시고 엎드려 bowed their heads and Worship 기도하여 이르시되 내 아버지여 만일 할 만하시거든 이 잔을 내게서 지나가게 하옵소서 그러나 나의 원대로 마시옵고 아버지의 원대로 하옵소서 하시고 (마태복음 26:39)

현재 드리고 있는 소위 모든 예배, 주일예배 수요예배 새벽기도예배 금요철야예배 등등은 목사들이 주관하는 성경 교육이 Main Time, Main 주제입니다. 하나님께서 받으시겠다고 하신 예배가 아닙니다. 그리고 현재 교회 내에서 하나님께서 원하시는 예배는 사라졌습니다.

목사는 있는 힘을 다해 교인들을 교육시킵니다. 창세기부터 요한계시록까지 성경 66권을 교육시키고, 그것도 모자라서 온갖 예화를 들어가며, 세상 이야기도 곁들여서 설명을 하고 가르칩니다.

매일 새벽에 새벽예배, 수요예배, 금요예배, 주일예배, 기도원예배, 지역별 예배, 구역별 예배 등등 수많은 교육 시간을 통하여 교인들을 가르칩니다. 이것을 짧게는 몇 년, 길게는 80년 세월 동안 교육받은 교인들은 성경에 대해 빠삭하게 알게 됩니다. 목사가 하는 설교는 벌써 수십, 수백 번 들었습니다. 목사들의 성경 교육은 하나님으로부터 칭찬받기에 부족함이 없습니다.

그런데 교인들은 교회에서 하나님을 뵐 수 있는 기회를 만들어 내지 못하고 있습니다. 마치 축구 경기장에서 11명 선수로 뛰어 보지 못하고 벤치에 앉아 대기하고 있는 후보 선수같이, 3년 내내 열심히 공부한 고3 수험생이 수능 시험장에 입장을 못 하고 밖에서 시험장을 바라만 보고 있는 것같이, 교인들은 성경책과 목사님 설교로 하나님에 대해 이론으로만 배웠지 아직 하나님을 만나보는 기회를 가지지 못하고 있습니다.

왜냐하면, 교인들을 가르치는 목사가 아직도 교인들을 하나님 앞으로 안내하지 않았기 때문입니다. 아니 더 정확하게 표현한다면, 하나님 앞으로 나가는 길목을 목사들이 막아서서 성소 입장을 방해하고 있습니다. 교인들의 교육장에 이미 하나님, 성령님, 예수님이 오셔서 교인들을 만났다고 주장하면서 교인들에게 다른 생각을 하지 못하도록 세뇌하고 있습니다.

교인들은 반드시 하나님을 만나 보아야 합니다. 하나님 앞에 나아가야 합니다. 하나님께 문안 인사를 드리고 하나님 말씀을 들어야 합니다.

교인 스스로는 자신이 하나님을 만나 뵈었다고 생각하지만, 정말 마음속으로 확신하고 증거할 수 있는 교인이 과연 몇 명이나 있겠습니까. 하나님 입장에서 생각해 보면, 하나님 앞에 와서 단 한 번도 정식으로 문안 인사를 드린 적이 없는 사람이 하나님을 만났다고 주장한다면, 그 얼마나 황당하시겠습니까.

또는 오래전에 몇 번 하나님을 찾아온 적이 있기는 있었는데, 그때 이후 다시 방문한 적이 없는 사람이 하나님을 믿는 사람이라고 스스로 주장한다면 그 역시 얼마나 황당하시겠습니까.

성막예배를 통하여 하나님께 예배를 드려야 합니다. 그래야 비로소 교인, 즉 하나님 자녀가 될 수 있습니다. 믿음으로 예배를 드린 자만이 기도할 수 있는 자격이 생기고, 그렇게 기도하여야만 하나님께서 기도에 응답을 주십니다.

이것이 목사들이 저지르는 죄 중 첫 번째 회개 거리입니다.

즉시 성경 교육과 예배를 구분, 분리하고, 지성소와 성소를 예비하여 하나님께 대한 예배를 살려서 교회에 하나님께서 임(臨)하실 수 있게 하여야 합니다.

3. 목사의 두 번째 회개 거리는 교회를 돈과 권력 그리고 명예를 자랑하는 장소로 만든 죄(罪)

교회는 거룩한 하나님께 예배하고 기도하는 거룩한 장소입니다. 예수님도 말씀하시기를 "너희 두세 사람이 내 이름으로 모이는 곳에 나도 너희와 함께하겠다."라고 말씀하셨습니다. 교회는 하나님께서 예배를 받으시는 공간이고, 하나님께서 계시니 대제사장 되시는 예수님도 함께 계시는 거룩한 공간입니다. 세상 어떤 권력도 범접할 수 없는 거룩한 공간입니다.

그런데 현실은 어떻습니까? 세상으로부터 조롱을 받는 교회가 되었습니다. 이런 조롱받는 교회 모습에서 세상 사람들이 감히 범접지 못할 거룩함이 보여집니까? 지금은 누구도 교회를 성스럽게 여기지 않습니다. 누가 이렇게 만들었습니까? 우리 자신들이 이렇게 만들었습니다. 근본 원인은 무엇인가요?

교회에 하나님 그리고 예수님이 아니 계시기 때문에 그렇게 되었습니다. 교회의 거룩함이 사라졌기 때문입니다. 교회에 하나님 예수님이 아니 계시게 된 원인은 교회에 참 예배가 없어졌고, 교회가 세상과 동일하게 돈과 명예 그리고 권력이 믿음보다 앞서 있는 공동체(community)가 되었기 때문에, 즉 하나님과 전혀 관계없는 세상 이권 단체와 유사한 단체로 전락했기 때문입니다.

공동체(community) 같은 모습으로 변질된 첫 번째 원인은 돈입니다.

교회에 돈이 넘쳐납니다. 십일조, 감사헌금, 건축헌금, 선교헌금, 장학헌금, 주일헌금, 등등 돈이 넘쳐납니다. 교인 숫자가 적어서 가난하고 돈이 없는 교회는 교회 성장과 번창을 위해 기도합니다. 그러다가 시간이 흘러 교인 숫자가 천 명, 만 명이 되면 또 어김없이 돈 잔치가 벌어지게 됩니다.

담임목사가 TV에 나가서 선교한다는 이유로 돈을 지불하고 설교를 하고, 목사가 소속된 교단 중심 핵심 자리에 가까이 가서 본인의 존재감을 드러내고 싶어 하고, 해외 선교를 이유로 해외까지 발을 넓히고, 구제 명목으로 기부하고, 교육 명목으로 신학교도 세우고, 이 모든 것들이 목사의 존재감을 알리기 위함이지만, 그 원천은 돈입니다.

돈이 교회의 중심이 되었습니다.

교회에서는 평균적으로 교인 1명당 돈으로 월 10만 원 정도로 계산합니다. 교인이 1,000명이면, 한 달에 일억 원의 헌금이 들어 온다고 예상하면 됩니다. 교인 1만 명이면 한 달에 십억이고, 교인 10만 명이면 백억 원이 됩니다.

교회에서 고정적으로, 유지 비용으로 지출되는 돈은 헌금 수입의 50% 정도 됩니다. 그러니 나머지 50%는 예금할 수도 있고, 쓸 수도 있습니다. 그 나머지 50%가 어마어마한 돈입니다. 예를 들어 교인 1만 명이면, 1년에 육십억 원을 예금하거나 쓸 수 있습니다. 돈이 넘쳐나니 돈 쓸 궁리를 하게 되고, 모든 일을 돈으로 해결하게 됩니다. 등 따습고 배부른데 뭐가 아쉬워서 목사가 애를 태우며 기도하겠습니까? 오직 한 가지 전심전력으로 애쓰는 것은 기득권 유지뿐입니다.

공동체(community)가 되게 된 두 번째 원인은 세상 명예와 권력입니다.

그런즉 누구든지 그리스도 안에 있으면 새로운 피조물이라 이전 것은
지나갔으니 보라 새것이 되었도다 (고린도후서 5:17)

예수님 안에서는 모두가 차별 없이 공평해야 합니다. 세상에서 가난한 자든지, 돈이 많든지, 높은 자리에 있든지, 낮고 평범한 자리에 있든지, 병든 자든지 건강한 자든지 그리스도 예수님 안에서는 새롭게 탄생된 새로운 피조물입니다. 차별은 원래부터 없었습니다. 왜냐하면 교회는 하나님께 예배를 드리는 공간이기 때문에 하나님께서는 누구든지 믿음만 있으면 예배를 받으시기 때문입니다. 예배를 드릴 수 있는 자격 요건에는 돈, 명예, 경력, 직위, 나이 따위는 필요 없고 오직 믿음만이 자격 요건이기 때문입니다.

그럼에도 불구하고 현실은 차별이 존재합니다. 돈 많은 부자와 권력 있는 자가 대접받습니다. 목사부터 저들을 무조건 떠받들고 칭찬하고 감사해하고 돈과 권력이 없는 교인과 차별하여 대우합니다. 저들의 입김이 커지고, 저들이 주도하는 교회로 변질이 되어 갑니다. 왜 그렇게 변질이 됩니까? 헌금하는 돈과 세상 배경 때문입니다. 돈 많

은 부자, 세상 권력을 가진 높은 자들은 돈과 배경을 과시하면서 교회 안에서 높임을 받기 원하기 때문입니다.

그러나 가난한 교인들은 오직 시간과 노력 봉사만으로 교회 안에서 헌신, 봉사, 노력할 뿐입니다. 가난한 교회 교인들이 왜 정이 많고 기도가 많고 봉사가 많은지 생각해 보시기 바랍니다.

목사들은 교회 안에서 신분 차이로 인한 차별은 절대 없도록 교인들을 대해야 합니다. 그러하지 아니하는 목사는 하나님 앞에 죄를 짓는 것이 됩니다.

다시 한번 성경 말씀을 마음으로 새겨 봅니다.

그런즉 누구든지 그리스도 안에 있으면 새로운 피조물이라 이전 것은
지나갔으니 보라 새것이 되었도다 (고린도후서 5:17)

오직 하나님께 예배하고 기도하는 교회, 성경 말씀을 잘 교육하는 교회가 되어야 합니다. 교회를 거룩하게 하여야 하는 것이 우리 모두의 의무이자 책임입니다. TV 평론가같이 양비론으로 바라보기만 하면 안 됩니다.

교회를 세상 공동체(community)로 만들지 않기 위하여, 또 목사들이 물질 탐욕으로 죄를 짓지 못하도록 하기 위하여 교회에서 십일조를 받지 말아야 합니다.

헌금은 오직 교회를 유지하기 위한 최소한의 금액이면 됩니다.

돈을 사랑함이 일만 악의 뿌리가 되나니 이것을 탐내는 자들은 미혹을
받아 믿음에서 떠나 많은 근심으로써 자기를 찔렀도다
(디모데전서 6:10)

목사가 스스로 레위인임을 자처(自處)하여 십일조를 강요하는 것은 죄입니다. 각종 헌금은 자발적으로 감사로 하는 것이니 그것으로 만족해야 합니다. 그 다음은 하나님께 기도하면서 하나님 뜻에 맡겨야 합니다. 그것이 믿음입니다.

교회 안에서 세상 신분으로 교인들을 차별을 하면 안 됩니다. 또 목사, 장로, 권사, 집사 이 모든 직분은 잠시 잠깐 하나님께서 주신 직분일 뿐임을 잊지 말아야 합니다. 우리 모두가 새것이 되었음을 마음속에 새겨 두어야 합니다.

우리의 주님은 오직 한 분 하나님이십니다.

교회는 돈과 권력을 필요로 하지 않으며, 하나님 보호 아래에만 있어야 합니다.

VII

하나님, 예수님, 성령님 그리고 하늘나라

1. 하나님은 누구신가

하나님은 "I AM WHO I AM"이라고 하셨습니다. "나는 나다"라고 하셨는데, 한글로 번역을 하면서 "나는 스스로 있는 자"라고 하였습니다. "나는 나다"라고 함은 무슨 뜻일까요. 어떤 누구의 도움도 필요 없는 "나". 나 스스로 모든 것을 할 수 있는 "나". 전지전능(全知全能)한 "나". 시간과 공간 그리고 영계(靈界)까지도 지배하고 있는 "나". 유일신(唯一神)이신 하나님을 가리키고 있습니다.

14 하나님이 모세에게 이르시되 나는 스스로 있는 자이니라 또 이르시되 너는 이스라엘 자손에게 이같이 이르기를 스스로 있는 자가 나를 너희에게 보내셨다 하라 (출애굽기 3:14)
God said to Moses, "I AM WHO I AM. This is what you are to say to the Israelites. I AM has sent me to you."

사람들은 이러한 전지전능(全知全能)하신 하나님을 지칭하면서 여러 가지 이름으로 부릅니다. 사람이 지어서 붙인 이름으로 하나님의 위대하심을 표현 할 수 없어서 여러 종류의 이름을 지어서 부르고 있지만, 그 어떤 이름으로도 완전하게 부를 수 없습니다. 야훼 닛쉬, 라파, 엘, 아도나이, 엘로힘, 엘 샤다이, 이레, 샬롬, 치드게누, 삼마 등등 수없이 많은 이름을 붙였지만 어느 것도 완전하지 않습니다.

그러므로 "하나님"이라고 호칭하면서 믿음의 표현을 행동으로 하여 예배, 문안 그리고 기도하면 그것으로 족하지 않을까 생각합니다.

2. 하나님은 영(靈)이십니다.

하늘 나라 보좌(寶座)에 앉아 계시고, 보좌 아래 좌우에 하나님을 보필(輔弼)하는 여덟 성령님들이 계셨는데, 그 성령님들 중 한 성령님이 하나님의 명을 받고 마리아의 몸을 경유하여 이 땅에 사람으로 오셨는데 그분이 바로 예수님이셨습니다. 그리고 예수님이 이 땅에 오신 사명(使命)을 다 완수(完遂)하시고 다시 하늘나라로 돌아갈 때, 하나님께서 예수님 대신에 이 땅에 보낸 분들이 일곱 성령님들이십니다.

그래서 하늘나라에 삼위(三位)가 있다고 이야기를 하는데, 바로 하나님, 예수님, 성령님을 가리켜 삼위(三位)라고 말하고 있습니다.

삼위의 중심은 당연히 하나님이십니다. 예수님이나 성령님은 하나님의 뜻을 그대로 가감(加減) 없이 전하고 수행하는 분들입니다. 마치 현대의 전권대사(全權大使) 같은 역할을 하는 분들입니다.

그러므로 이 세 분은 일심(一心)이요 일체(一體)입니다. 여기서 일체라 함은 몸이 한 몸이라는 뜻이 아니라, 그 본질(本質)이 한 본질이라는 뜻이며, 본질이란 하나님의 마음, 뜻을 본질이라고 합니다.

하나님은 영이시니 예배하는 자가 영과 진리로 예배할지니라

(요한복음 4:24)

예수 그리스도의 나심은 이러하니라 그의 어머니 마리아가 요셉과 약혼하고 동거하기 전에 성령으로 잉태된 것이 나타났더니 (마태복음 1:18)

보혜사 곧 아버지께서 내 이름으로 보내실 성령 그가 너희에게 모든 것을 가르치고 내가 너희에게 말한 모든 것을 생각나게 하리라

(요한복음 14:26)

그러나 내가 너희에게 실상을 말하노니 내가 떠나가는 것이 너희에게 유익이라 내가 떠나가지 아니하면 보혜사가 너희에게로 오시지 아니할 것이요 가면 내가 그를 너희에게로 보내리니 (요한복음 16:7)

3. 하나님은 세상 만물과 사람 그리고 천지를 창조하신 창조주이십니다.

태초에 하나님이 천지를 창조하시니라 땅이 혼돈하고 공허하며 흑암이 깊음 위에 있고 하나님의 영은 수면 위에 운행하시니라 (창세기 1:1-2)

가을바람이 살랑살랑 불어옵니다. 한여름 더위가 가시고 청풍명월 가을입니다. 나뭇가지가 춤을 추듯이 살랑거립니다. 나무를 보니 가지가 흔들리고 있어 아! 지금 바람이 불고 있구나, 누구나 바람이 나뭇가지를 흔들고 있음을 알며, 아니라고 말하는 사람 없습니다.

사람들 눈에 바람이 보일 리가 없을진대, 아무도 바람이 없다고 말하는 사람 단 한 명도 없습니다.

사람 눈에 보이는 모든 것들은 눈에 보이지 않는 초자연적인 절대

자의 손이 있었기에 절대자에 의해 만들어졌습니다. 나무도 그분 손으로 만드셨고, 바람조차도 그분 손길로 만들어졌습니다.

　믿음으로 모든 세계가 하나님의 말씀으로 지어진 줄을 우리가 아나니 보이는 것은 나타난 것으로 말미암아 된 것이 아니니라 (히브리서 11:3)

　우주 공간에 태양을 중심에 두고 태양계 별들이 자전과 공전을 하고 있습니다. 몇 년째 돌고 돌고 또 돌고 있을까요. 성경은 6,000년이라고 이야기하지만, 소위 과학자들이라는 사람들 중 일부는 몇억 년째 돌고 있다고 주장합니다. 저들 눈에는 몇억 년 돌고 있는 것이 눈에 보여서 그렇게 주장하는 걸까요. 천만에요. 그냥 아무런 근거 없이 소설을 쓰며 자기주장을 하고 있는 겁니다. 6,000년 동안 계속 돌고 도는 지구가 한 치의 착오도 없이, 원심력에 의해 태양으로부터 멀어지지도 않고 정확하게 도는 것은 바로 하나님의 손길로 만든 것이기 때문입니다.

　또 지구의 자전축 즉 기울기는 23.5도입니다. 만약 이 23.5도 기울기가 30도였다면, 또는 50도였다면 과연 사람이 살 수 있는 땅이 될 수 있었을까요. 우연히 23.5도가 된 게 아닙니다. 하나님께서 그렇게 만드셨기 때문에 23.5도가 되었고, 23.5도였기 때문에 사계절이 생겼고, 사람이 살 수 있는 땅이 되었습니다.

　또 지구의 공기 중 산소 농도는 21%입니다. 아마존 숲속은 23% 정도 되고, 고산지대는 최저 14%까지 농도가 떨어집니다. 그러면 사람이 먼저 만들어지고 산소 농도를 21%로 만들었을까요 아니면 반대로 산소 농도 먼저 그리고 그다음에 사람을 만들었을까요. 또 왜 21%일까요. 21%보다 낮으면 왜 사람은 살기 힘들어질까요. 결국 이 모든 것들은 우연히 생긴 일이 아니라, 하나님께서 계획을 가지고 만드시지 않았다면 이루어질 수 없는 일들입니다. 역시 하나님의 손길로 만들었음을 알 수 있습니다.

사람의 몸과 두뇌, 심장, 피 그리고 200개가 넘는 뼈, 신경조직 등등 기기묘묘한 육체와 영혼 이런 모든 것들이 아메바가 진화, 진화 또 진화되면서 사람이 되었다는 황당무계한 소리를 믿을 수 있습니까?

아주 중요하고 특별한 예를 들어 보면, 과학적으로 이미 입증되고 있는 것으로, 사람의 두뇌는 860억 개의 신경세포로 이루어져 있으며, 신경세포마다 다른 신경세포와 연결하기 위한 연결점이 있는데 그 연결 부위를 시냅스라고 부르며, 그 수량이 100조 개나 된다고 합니다. 여러분은 상상이 되십니까. 이런 사람의 두뇌를 보면서도 진화론을 더 믿고 창조론을 믿지 않는다면 정상이라 할 수는 없으리라 봅니다. 그렇게 진화론을 주장하는 사람은 단 0.0000개의 증거라도 보일 수 있습니까? 증거 없습니다. 그러므로 눈에 보이는 사람은 사람 눈에 보이지 않는 초자연적 절대자 바로 하나님께서 만드신 창조물임을 믿어야 합니다.

억지로 믿으라고 누구도 강요하지 않습니다. 믿고 아니 믿는 것은 각자의 자아가 결정하는 것입니다. 다만 바라는 것은 그의 영혼이 깨어 있어서 눈에 보이지 않는 영적 세상을 바라볼 수 있는 그런 사람이 되었으면 하는 바람입니다. 그의 마음 밭이 옥토이기를 바랍니다. 진화론의 허구에서 벗어나 창조주 하나님을 믿어야 합니다.

4. 예수님은 누구신가?
예수 그리스도의 탄생 배경과 하나님으로부터 받은 사명

13 여호와 하나님이 여자에게 이르시되 네가 어찌하여 이렇게 하였느냐
여자가 이르되 뱀이 나를 꾀므로 내가 먹었나이다 14 여호와 하나님이
뱀에게 이르시되 네가 이렇게 하였으니 네가 모든 가축과 들의 모든 짐
승보다 더욱 저주를 받아 배로 다니고 살아 있는 동안 흙을 먹을지니라
15 내가 너로 여자와 원수가 되게 하고 네 후손도 여자의 후손과 원수가
되게 하리니 여자의 후손은 네 머리를 상하게 할 것이요 너는 그의
발꿈치를 상하게 할 것이니라 하시고 (창세기 3:13-15)

"여자의 후손", 즉 남자의 정자에 의해 태어나지 않은, 오로지 여
자의 후손이 뱀의 머리를 칠 것이라고 하나님께서 말씀하시고 계십니
다. 그 여자의 후손이 바로 예수님이십니다. 예수님은 하늘나라에서
성령님이셨는데 하나님의 명을 받아, 여자 마리아의 자궁을 경유하여
사람으로 태어나셨습니다. 하나님께서 최초로 예수님 탄생을 말씀하
신 것입니다.

에덴동산에서 쫓겨난 아담과 하와는 에덴동산 밖 광야에서 후회와
고통 그리고 절망 속에 하나님께 기도했지만, 다시 에덴동산으로 돌
아갈 수 없었기에, 자살까지도 생각하고 있었습니다.

더구나 하나님의 저주를 받은 뱀이 끝까지 아담에게 복수하려고 기
회를 노리고 있었기에, 아담은 이를 이겨내지 못하고 자살을 시도하
지만 실패합니다.

아담과 하와가 에덴동산에서 쫓겨 난 후, 아담과 하와가 다시 낙원

으로 발길을 옮기다가 낙원 서쪽 정문 근처에서 뱀으로 전락한 사탄을 발견합니다. 뱀이 예전에는 가장 아름다운 동물이었고 모든 다른 동물의 선망의 대상이었으나 지금은 가장 천한 동물이 되어 있었습니다. 뱀이 사탄의 도구가 되어 아담을 실족하게 만든 죄의 대가로 그렇게 되었습니다.

두 사람을 발견한 뱀이 하와를 해치려 했으나 아담은 손에 막대기도 없이 맨손으로 뱀의 꼬리를 잡았으며, 그러자 뱀이 몸을 돌려 아담에게 대들며 말했습니다. "너희 두 사람 때문에 내가 낙원에서 쫓겨났다."

그리고 아담을 죽이려 하자 하나님이 나타나 뱀을 저주하며 말씀하셨습니다. "지금까지는 너의 말하는 능력을 빼앗지 않았으나 이제부터는 말을 못 하게 되리라." 실제 땅의 모든 동물은 말을 하여 서로 의사소통을 하고 있지만, 뱀만은 말을 하지 못합니다.

아담이 자살을 시도합니다.

뱀의 습격에 혼이 난 두 사람은 다시 자신들의 처지를 한탄하며 자살을 시도합니다. 자살을 시도하기 전에 이렇게 기도하였습니다.

"저는 저 태양열에 말라 버렸습니다. 방황하는 것에 지쳤고, 이제는 이 생명이 지긋지긋합니다. 하나님이 언제 우리를 다시 에덴동산으로 데려갈지 알 수도 없습니다. 제가 사탄의 꼬임에 넘어가 하나님처럼 신이 되려 하였으나 너무 심히 벌하지 마시고 용서하여 주십시오."

아담은 에덴동산의 정문이 보이는 서쪽 산에 올라가 죽으려고 몸을 던집니다.

그런데 죽지는 않고 피를 흘려 그 피가 바위와 모래 위에 뿌려지게 됩니다. 아담은 그 피가 자신의 생명이라 생각하고 피 묻은 모래를 떠다가 바위 위에 얹고 하나님께 기도했습니다.

"이 피를 대신 받고 저의 죄를 용서해 주옵소서."

하나님이 아담의 자살 시도와 그의 피를 보고 놀랐습니다. 그리고 시키지도 않았는데 자신의 피를 바치는 아담의 행위를 기특하게 생각하신 하나님이 새로운 약속을 하셨습니다.

"네가 피를 바쳤듯이 나도 훗날 내 피를 바쳐 원죄를 용서할 기틀을 마련할 것이다. 그러나 너와 너의 후손은 약속한 세월을 다 살아야 광명의 세계에 들 것이다. 그때까지 내가 너희를 보살필 것이니 용기를 가지라. 그리고 다시는 자살을 시도하지 말라."

하나님께서 "먼 훗날 나도 너희 같은 육체를 입고 인간 세상에 태어나겠다."고 말씀하셨고, 또 "훗날 내 피를 바쳐 죄 사함의 기틀을 마련할 것이다."라고 말씀하셨습니다.

그리고 "먼 훗날 내가 나 하나님을 믿는 너희에게 생명나무 뿌리에서 흘러나오는 생명수로 너희 죄를 씻어 너희를 구원할 것을 약속한다."라고 말씀하셨습니다.

그리고 하나님께서 육신으로 이 땅에 오셔서 십자가에서 피를 흘림으로 하나님의 피로 사람의 죄를 용서해 주신다는 약속을 하셨습니다.

하나님께서 하신 이 말씀에 따라 훗날 예수님이 이 땅에 보내지게 되었습니다.

그로부터 3,300년 세월이 흐르고, BC 700년에 예수님이 오실 것을 이사야가 예언을 하고 (이사야서 53:1-12) 이사야 예언 700년 후 예수님이 탄생하셨습니다. (마태복음 1:18-25)

5. 예수님은 이 땅에 왜 오셨나? (오신 목적)

이러한 배경과 과정을 거쳐 이 땅에 오신 예수님의 사명은, 본디 하나님 곁에 있었던 성령님이 처녀 마리아의 몸을 경유하여 이 땅에 사람의 모습으로 오신 분이 예수님이십니다. 그러므로 예수님은 사람의 몸을 가지고 있었지만 그 근본은 성령님이십니다. 예수님의 영은 살아 있는 영이셨습니다. 영혼이 잠자고 있는 보통 사람들과 구별되는 분이십니다. 아담의 피를 물려받은 보통 사람은 원죄로 인하여 그의 영혼 중 영의 기능이 정지되어 있었지만, 예수님의 영은 깨어 있었습니다.

첫째, 예수님이 하나님으로부터 받은 사명은 예수님 자신이 십자가에서 피를 흘려 사람의 원죄를 대신 짊어지고 용서를 받게 하기 위한 번제단의 속죄 제물이 되는 것입니다. 사람들은 예수님이 십자가에서 대속하기 전까지는 번제를 통하여 원죄를 용서받고 하나님께 예배할 수 있었지만, 예수님 대속 이후부터는 예수님 피와 살이 번제물이 되어서 단 한 번의 십자가 희생으로 사람들이 원죄를 용서받을 수 있게 되었습니다. 그리하여 예수님 이름으로 하나님께 예배를 드릴 수 있게 하면서, 하나님과 예배자 사이에서 대제사장의 역할을 담당하는 것이 첫째 사명입니다.

둘째는, 하나님의 복음을 유대인뿐만 아니라 다른 모든 이방인에게 이르기까지 전파케 하여 구원받을 사람들을 많이 모으는 것과, 또 다른 성령님을 예수님 대신하여 이 땅에 보내시고, 믿는 사람들을 도와주시는 보혜사가 되게 하신 것이 둘째 사명입니다.

셋째는 예수님 부활 승천하신 후 다시 이 땅에 재림하셔서 하늘나라, 즉 새 에덴동산을 세우시고 천년왕국을 세우시는 것이 마지막 사명입니다.

6. 이 땅에 오신 예수님은 어떻게 사셨는가?
(예수님 생애)

예수님은 베들레헴 말 구유간에서 사람들의 가난을 대신 짊어지시고 가난하게 태어나신 후 30년 동안 요셉과 마리아를 부모로 두고 살다가 30세가 된 해에 하나님이 정하신 때가 왔으므로, 요단강에서 요한으로부터 물세례를 받고, 연속하여 하늘로부터 내려온 성령의 세례를 받습니다.

16 예수께서 세례를 받으시고 곧 물에서 올라오실새 하늘이 열리고 하나님의 성령이 비둘기같이 내려 자기 위에 임하심을 보시더니 17 하늘로부터 소리가 있어 말씀하시되 이는 내 사랑하는 아들이요 내 기뻐하는 자라 하시니라 (마태복음 3:16-17)

그리고 바로 예수님께 내려온 성령님의 인도를 받아 광야로 나가서 사탄으로부터 시험을 받습니다. 성령세례를 이미 받아 성령님과 함께 계셨지만, 성령님은 단지 도움을 주시는 분일 뿐이고, 사람으로서 예수님이 고통을 견디고 하나님께서 주신 사명을 감당하는 것은 예수님 자신의 몫이었기 때문에 사탄의 시험을 받아야만 했습니다. 첫 사람 아담은 사탄의 시험에서 탈락하였는데 예수님은 통과할 것인지 아닌지를 시험받게 됩니다. 예수님은 40일 동안 금식하시고 사람이 참기 어려운 굶주림 상태에서 사탄의 세 가지 시험을 받습니다.

그 때에 예수께서 성령에게 이끌리어 마귀에게 시험을 받으러 광야로 가사 사십 일을 밤낮으로 금식하신 후에 주리신지라 시험하는 자가 예수께 나아와서 이르되 네가 만일 하나님의 아들이어든 명하여 이 돌들로 떡덩이가 되게 하라 예수께서 대답하여 이르시되 기록되었으되 사람이 떡으로만 살 것이 아니요 하나님의 입으로부터 나오는 모든 말씀으로 살 것이라 하였느니라 하시니 이에 마귀가 예수를 거룩한 성으로 데려다가 성전 꼭대기에 세우고 이르되 네가 만일 하나님의 아들이어든 뛰어내리라 기록되었으되 그가 너를 위하여 그의 사자들을 명하시리니 그들이 손으로 너를 받들어 발이 돌에 부딪치지 않게 하리로다 하였느니라 예수께서 이르시되 또 기록되었으되 주 너의 하나님을 시험하지 말라 하였느니라 하시니 마귀가 또 그를 데리고 지극히 높은 산으로 가서 천하 만국과 그 영광을 보여 이르되 만일 내게 엎드려 경배하면 이 모든 것을 네게 주리라 이에 예수께서 말씀하시되 사탄아 물러가라 기록되었으되 주 너의 하나님께 경배하고 다만 그를 섬기라 하였느니라 이에 마귀는 예수를 떠나고 천사들이 나아와서 수종드니라 (마태복음 4:1-11)

굶주린 상태에서 돌들로 떡덩이가 되게 하라고 하고, 만일 하나님의 아들이어든 뛰어내리라 높은 곳에서 떨어지면 하나님이 치료해 주신다고 하고, 만일 내게 엎드려 경배하면 온 세상을 다 주겠다고 유혹합니다.

예수님은 이 시험을 통과합니다. 그리고 본격적으로 3년 반 동안의 공생애(公生涯)를 시작합니다. 물을 포도주로 바꾸면서 하나님의 아들임을 증명하시는 것으로 시작하여 병자를 고치고, 귀신을 쫓아내며, 제자들을 모으고 가르치십니다. 복음을 가르치고, 하늘에 계신 아버지 하나님을 증명합니다.

그리고 마지막으로 십자가에서 못 박히시고 운명하십니다. "다 이루었다"라고 하시면서 운명하셨고, 지성소와 성소 사이를 막고 있었던 휘장이 찢어지고, 하나님과 사람 사이의 길을 예수님이 여셨습니다. 예수님이 대제사장이 되셨고, 하나님께 나가는 문과 길이 되셨습니다.

제 육 시로부터 온 땅에 어둠이 임하여 제 구 시까지 계속되더니 제 구 시쯤에 예수께서 크게 소리 질러 이르시되 엘리 엘리 라마 사박다니 하시니 이는 곧 나의 하나님, 나의 하나님, 어찌하여 나를 버리셨나이까 하는 뜻이라 (누가복음 23:45-46)
예수께서 신 포도주를 받으신 후에 이르시되 다 이루었다 하시고 머리를 숙이니 영혼이 떠나가시니라 (요한복음 19:30)
50 예수께서 다시 크게 소리 지르시고 영혼이 떠나시니라 51 이에 성소 휘장이 위로부터 아래까지 찢어져 둘이 되고 땅이 진동하며 바위가 터지고 52 무덤들이 열리며 자던 성도의 몸이 많이 일어나되 (마태복음 27:50-52)

이렇게 33년하고 반년 동안의 생애를 마치시고, 그리고 부활하셔서 제자들에게 나타나셨다가 하늘로 올라가셨습니다. 지금은 하나님 우편에 계시면서 이 땅에 다시 재림하실 때를 기다리고 계십니다.

19 주 예수께서 말씀을 마치신 후에 하늘로 올려지사 하나님 우편에 앉으시니라 (마가복음 16:19)

7. 성령님과 성령세례

구약시대는 하나님께서 직접 신정 통치를 하셨습니다. 아담부터 노아, 아브라함, 그리고 예수님이 이 땅에 오시기 전까지 약 4,000년 동안 사람들에게 자율권을 주어 스스로 살아가게 하시면서 다만 하나님께 대한 믿음 유지와 예배만을 요구하셨습니다. 그랬지만, 사람들이 악하여 하나님 기대에 부응하지 못하였고, 그래서 버림을 받았습니다. 이 기간, 어찌 되었든 하나님께서 직접 통치를 하셨기에 성령님들의 활동은 제한적이었습니다.

하나님의 신정 통치 시간이 끝났습니다. 아브라함과 약속하셨던, 이스라엘을 선택하여 축복을 주시면서 지금까지 보호하셨던 모든 약속도 폐기하시고, 유대인이나 이방인 모두가 차별 없이 하나님을 믿는 길을 예비하시고 독생자 예수님을 이 땅에 보내셨습니다.

예수님이 이 땅에 오신 후부터 하나님은 예수님께 이 세상을 맡기셨습니다. 예수님 나이 30세부터 공생애 3년 반 동안, 수많은 기적과 이적을 보여 주시면서 복음을 전파하셨고, 이 땅에 파견되어 오신 목적 중 사람의 원죄를 대신 속죄하여 주시는 대속(代贖) 사역을 감당하셨고, 마침내 십자가에서 못 박혀 죽임을 당하시고 삼 일 만에 부활 그리고 승천하셨습니다. 예수님은 맡으신 사명을 완수하셨습니다.

예수님이 승천하신 후에는 하나님께서 또 다른 성령님에게 이 세상을 맡기시고 믿는 자들도 맡기셨습니다. 물론 하나님께서 이 세상 역사를 주관하시고 계시지만, 성령님께 위임하여 이 세상 관리를 맡기셨습니다. 지금은 성령님 시대입니다.

요한이 모든 사람에게 대답하여 이르되 나는 물로 너희에게 세례를 베풀
거니와 나보다 능력이 많으신 이가 오시나니 나는 그의 신발끈을 풀기도
감당하지 못하겠노라 그는 성령과 불로 너희에게 세례를 베푸실 것이요
(누가복음 3:16)
예수께서 세례를 받으시고 곧 물에서 올라오실새 하늘이 열리고 하나님
의 성령이 비둘기같이 내려 자기 위에 임하심을 보시더니
(마태복음 3:16)

　　예수님께서 부활 승천하시면서 사람들에게 약속하신 말씀이 또 다
른 보혜사 성령을 보내 주시겠다고 약속하셨습니다. 예수님도 성령님
이셨지만, 또 다른 성령님이 오셔서 하나님을 믿는 사람들의 보혜사
가 되시겠다고 약속하셨습니다.
　　이때부터 하나님께서 성령님 손에 이 세상 믿는 사람들을 맡기셨
습니다. 성령님이 믿는 사람들에게 오셔서 은사도 선물로 주시고, 또
성령님을 만난 사람들에게 성령의 열매를 주셔서 삶이 풍요롭게 되게
하시고, 믿는 사람들의 기도를 하나님께 올려보내는 일도 하십니다.
성령님이 믿는 사람에게 오시는 것을 성령세례라고 하며, 오셔서 주
시는 은사와 열매를 잃어버리지 않고 계속 간직하고 유지하는 상태를
성령 충만이라고 합니다. 예수님이 승천하신 후부터 성령님이 온 세
상 사람들 곁에서 도움을 주고 계십니다.

그러므로 너희는 가서 모든 민족을 제자로 삼아 아버지와 아들과 성령의
이름으로 세례를 베풀고 (마태복음 28:19)
요한은 물로 세례를 베풀었으나 너희는 몇날이 못 되어 성령으로 세례를
받으리라 하셨느니라 (사도행전 1:5)

보혜사 성령님이란 우리를 도와주시는 성령님이라는 뜻입니다. 그러므로 성령님의 도움을 받고자 한다면 성령세례를 받아야 합니다.

물세례를 하는 주체는 사람 각자 스스로가 주체가 되며, 성령세례의 주체는 성령님입니다. 하나님을 믿는 사람이 자기 자신의 믿음의 중심이 어떠한지를 하나님께 예배를 통하여 표현하여 드리면 하나님께서 결정하셔서 성령님을 보내 주시고, 성령님께서 믿는 사람에게 오셔서 세례를 베풀게 됩니다.

한편 성령세례는 하나님으로부터 너는 나의 자녀라는 인정을 받는 것이 주안점(主眼點)입니다. 하늘로부터 비둘기같이 바람같이 성령님이 내려와 각 사람의 머리에 안수하시고, 각 사람마다 필요한 은사를 내려 주심으로 하나님의 인을 치게 되는 것입니다. 그렇지만, 예수님의 경우와 마가 다락방의 제자들 경우같이 성령님이, 다른 사람들이 성령세례를 알고 볼 수 있도록, 항상 불같이 임하시지는 않습니다.

여기서 성령세례의 목적을 살펴볼 필요가 있습니다. 사람이, 특히 하나님을 믿는 사람들이 일상생활을 하는 데 있어서 성령세례가 반드시 필요하지는 않습니다. 성령세례 없이도 하나님께 신령과 진정으로 예배를 드리면 하나님의 축복과 보살핌을 받으면서 생육하고 번성하며 잘 살아갈 수 있습니다. 또 신령과 진정으로 하나님께 예배를 드려 하나님으로부터 믿음을 인정받기만 하면 구원을 받을 수 있습니다. 성령세례가 일상생활에 필수 불가결한 조건은 아닙니다.

성령세례는 예수님의 요단강 물세례 직후에 이루어졌고, 또 마가 다락방에서 이루어졌는데, 공통점은 복음을 전파하기 위해 모인 사람들에게 이루어졌음을 알 수 있습니다. 즉, 성령세례는 복음전파와 밀접한 관련성이 있습니다. 복음을 전파하고자 하는 사람에게 성령님이 임하시고, 복음을 전파할 때 필요한 것들을 은사로 내려 주십니다.

성령의 은사로서, 지혜의 말씀을, 지식의 말씀을, 믿음을, 병 고치는 은사를, 능력 행함을, 예언함을, 영들 분별함을, 방언 말함을, 방언들 통역함을 주십니다.

이 모든 은사들은 복음전파에 필요한 능력들입니다. 그러나 일상생활에서 이러한 은사들이 있으면 좋겠지만, 없다 할지라도 문제가 되지는 않습니다. 이런 은사들이 없다 할지라도 얼마든지 주위 사람들에게 복음을 전파할 수 있습니다. 다만, 복음전파에 삶의 전부를 바치는 경우에는 이러한 은사가 필요합니다. 이 목적으로 하나님께 성령의 은사, 즉 성령세례를 기도로 간구하면, 하나님께서 주실 것입니다.

이렇게 받은 성령님의 세례는 반복적이면 좋겠지만, 일생 동안 단한 번뿐이라 할지라도 너무 감사해야 할 은혜입니다. 또 성령세례를 받았으면, 복음전파에 전심전력(全心全力)으로 노력하고 실행하여야 할 것입니다. 그리하여야 성령님으로부터 받은 은사를 끝까지 유지하게 될 것입니다. 이것이 성령충만입니다.

1 오순절 날이 이미 이르매 그들이 다같이 한 곳에 모였더니 2 홀연히 하늘로부터 급하고 강한 바람 같은 소리가 있어 그들이 앉은 온 집에 가득하며 3 마치 불의 혀처럼 갈라지는 것들이 그들에게 보여 각 사람 위에 하나씩 임하여 있더니 4 그들이 다 성령의 충만함을 받고 성령이 말하게 하심을 따라 다른 언어들로 말하기를 시작하니라

(사도행전 2:1-4)

하나님의 복음 전파자로 인정받게 되면, 즉 성령세례를 받게 되면, 성령의 은사가 나타나게 됩니다.

3 그러므로 내가 너희에게 알리노니 하나님의 영으로 말하는 자는 누구든지 예수를 저주할 자라 하지 아니하고 또 성령으로 아니하고는 누구든

지 예수를 주시라 할 수 없느니라 4 은사는 여러 가지나 성령은 같고 5 직분은 여러 가지나 주는 같으며 6 또 사역은 여러 가지나 모든 것을 모든 사람 가운데서 이루시는 하나님은 같으니 7 각 사람에게 성령을 나타내심은 유익하게 하려 하심이라 8 어떤 사람에게는 성령으로 말미암아 지혜의 말씀을, 어떤 사람에게는 같은 성령을 따라 지식의 말씀을, 9 다른 사람에게는 같은 성령으로 믿음을, 어떤 사람에게는 한 성령으로 병고치는 은사를, 10 어떤 사람에게는 능력 행함을, 어떤 사람에게는 예언함을, 어떤 사람에게는 영들 분별함을, 다른 사람에게는 각종 방언 말함을, 어떤 사람에게는 방언들 통역함을 주시나니 11 이 모든 일은 같은 한 성령이 행하사 그의 뜻대로 각 사람에게 나누어 주시는 것이니라

(고린도전서 12:3-11)

성령세례를 받고, 또 각 사람의 그릇대로 은사를 받고, 그 받은 은사를 잃어버리지 않고 잘 유지·관리하는 것으로 성령님이 충만한 상태가 되는 것입니다. 그러므로 성령세례 그리고 성령충만을 유지하는 비결은 하나님께 끊임없이 예배를 드리고 복음전파에 전심전력(全心全力)을 다하는 길뿐입니다.

8. 물세례

물세례의 기원부터 살펴봅니다. 물세례는 왜 받아야 합니까?
물세례는 요한이 요단강에서 사람을 물속에 완전히 잠기게 하고 나오게 하는 방법으로 시행하였고, 온몸을 물에 담가 깨끗하게 씻는다는 의미로 행(行)했습니다. 그 기원은 아담이 처음 광야로 쫓겨 나왔

을 때 하나님께서 아담의 죄를 씻어 주시기 위하여 물로 씻었던 일이 시작이었습니다.

너희 육체는 동물의 육체와 같은 성분으로 구성되었기 때문에 물이 없이는 살 수 없을 것이다. 그리고 이 물에 의해 죄를 씻음 받은 너희 후손들 중에 정의로운 자들은 구원받을 것이다. (아담과 이브의 생애에서)

그렇지만 물로 씻음으로 죄가 온전히 씻어지는 것은 아니었습니다. 물로 씻는 것은 기본이었고, 씻은 사람 중에서 정의로운 사람이 구원받는다고 하나님께서 말씀하셨습니다.

정의로운 사람이란 누구일까요? 의롭다는 뜻은 죄가 없다는 뜻입니다. 이 세상에 아담의 후손으로 죄 없는 사람이 어디에 있습니까. 죄 없는 사람은 없습니다.

기록된 바 의인은 없나니 하나도 없으며 (로마서 3:10)

의인으로 인정받기 위해서는 원죄가 없어져야 되는데, 원죄를 없애는 방법에는 오직 예수님의 보혈로 씻음 받는 길밖에 없습니다. 아울러서 물로 씻어 죄를 없애야 합니다. 어찌 되었든 물세례는 구원의 기본적 요건입니다. 물로 씻음을 받고, 그리고 보혈로 씻음을 받아야 구원에 이를 수 있습니다.

구약 시대 하나님께서 이스라엘 사람들의 원죄를 용서하여 주시기 위하여 성막 설치를 허락하셨고, 그 성막 안에 물두멍을 두고 손을 씻게 하셨습니다. 손을 씻은 후 성소에 들어갈 수 있었습니다. 만약 손을 씻지 않고 들어가면 죽음이었습니다. 제사를 드릴 때 물로 손을 씻는 일이 생명과 직결되는 중요한 절차였음을 알 수 있습니다.

17 여호와께서 모세에게 말씀하여 이르시되 18 너는 물두멍을 놋으로 만들고 그 받침도 놋으로 만들어 씻게 하되 그것을 회막과 제단 사이에 두고 그 속에 물을 담으라 19 아론과 그의 아들들이 그 두멍에서 수족을 씻되 20 그들이 회막에 들어갈 때에 물로 씻어 죽기를 면할 것이요 제단에 가까이 가서 그 직분을 행하여 여호와 앞에 화제를 사를 때에도 그리할지니라 21 이와 같이 그들이 그 수족을 씻어 죽기를 면할지니 이는 그와 그의 자손이 대대로 영원히 지킬 규례니라 (출애굽기 30:17-21)

이러한 물세례는 구약 시대 동안 계속 행하여져 왔습니다. 그리고 신약 시대에 들어와서도 계속 행하여졌습니다.

자기들의 죄를 자복하고 요단강에서 그에게 세례를 받더니
(마태복음 3:6)
나는 너희로 회개하게 하기 위하여 물로 세례를 베풀거니와 내 뒤에 오시는 이는 나보다 능력이 많으시니 나는 그의 신을 들기도 감당하지 못하겠노라 그는 성령과 불로 너희에게 세례를 베푸실 것이요
(마태복음 3:11)
요한이 모든 사람에게 대답하여 이르되 나는 물로 너희에게 세례를 베풀거니와 나보다 능력이 많으신 이가 오시나니 나는 그의 신발끈을 풀기도 감당하지 못하겠노라 그는 성령과 불로 너희에게 세례를 베푸실 것이요
(누가복음 3:16)
예수께서 세례를 받으시고 곧 물에서 올라오실새 하늘이 열리고 하나님의 성령이 비둘기같이 내려 자기 위에 임하심을 보시더니
(마태복음 3:16)

그러면 물세례를 하는 주체는 누구일까요. 물로 씻어야 하는데, 누

가 씻겨 주나요. 성막에 들어가서 번제를 드릴 때, 정결한 양을 죽여 피와 살을 분리하는 작업은 제사장들이 해 주는 것이 아니라, 번제물을 가지고 가서 번제를 드리는 사람이 직접 시행합니다. 양을 죽여 살을 각 뜰 때, 양의 피가 그 사람의 온몸이 피범벅이 됩니다. 그 번제를 준비하는 사람 손과 몸에 묻은 피는 본인 스스로 물두멍에서 씻습니다. 씻는 주체는 본인입니다. 누가 씻어 주는 것이 아닙니다.

오늘날도 마찬가지입니다. 죄를 씻는 일은 각자가 스스로 해야 합니다. 하나님께 나아가 예배를 드릴 때는 반드시 깨끗이 씻고 나아가야 합니다.

다만, 예수님이 요단강에서 물세례를 받을 때는 예외적으로 요한이 예수님께 물세례를 행하였습니다. 예수님은 우리와 같은 사람이 아니셨습니다. 예수님은 성령님이 마리아의 몸을 경유하여 이 땅에 사람으로 오신 하나님의 아들이십니다. 그래서 특별히 하나님께서 예수님에게 물세례를 할 사람, 즉 요한을 미리 준비하셨던 것입니다.

11 주의 사자가 그에게 나타나 향단 우편에 선지라 12 사가랴가 보고 놀라며 무서워하니 13 천사가 그에게 이르되 사가랴여 무서워하지 말라 너의 간구함이 들린지라 네 아내 엘리사벳이 네게 아들을 낳아 주리니 그 이름을 요한이라 하라 (누가복음 1:11-13)

요한에게는 오직 예수님께 물세례를 하는 일이 가장 중요한 책무였습니다.

요한이 모든 사람에게 대답하여 이르되 나는 물로 너희에게 세례를 베풀거니와 나보다 능력이 많으신 이가 오시나니 나는 그의 신발끈을 풀기도 감당하지 못하겠노라 그는 성령과 불로 너희에게 세례를 베푸실 것이요

(누가복음 3:16)

예수께서 세례를 받으시고 곧 물에서 올라오실새 하늘이 열리고 하나님의 성령이 비둘기 같이 내려 자기 위에 임하심을 보시더니

(마태복음 3:16)

그리고 예수님도 제자들의 발을 씻어 주셨습니다. 사람의 몸에서 죄가 많은 부위는 손과 발입니다. 물로 발을 씻어 죄를 깨끗하게 하셨습니다.

5 이에 대야에 물을 떠서 제자들의 발을 씻으시고 그 두르신 수건으로 닦기를 시작하여 6 시몬 베드로에게 이르시니 베드로가 이르되 주여 주께서 내 발을 씻으시나이까 (요한복음 13:5-6)

그러면 물세례는 언제, 몇 차례 받아야 합니까? 물세례는 예수님을 영접하고 처음 한 번만 받으면 끝인가요? 아니면 계속하여 반복적으로 예배를 드리기 전에 반드시 받아야 합니까? 그 답은 하나님께 예배를 드릴 때마다 손을 씻어 몸에 묻은 죄를 깨끗하게 씻어 내야 합니다. 세례 후 예수님의 대속의 은혜에 감사한 후 하나님께 큰절을 함으로써 예배를 드리고 문안을 드려야 합니다.

9. 삼위일체 (三位一體)에 대하여

이 주제는 매우 민감하면서도 위험한 주제입니다. 자칫 잘못 설명을 하게 되면, 이단으로 몰리게 되는 위험성을 내포하고 있습니다. 그

럼에도 불구하고 사실 그 내용은 매우 단순하며, 자신의 주장에 대한 확증편향만 버린다면 의외로 설명이 쉬울 수도 있습니다.

역사적으로 보면, 기독교는 삼위일체를 해석하는 기준이 서로 달라서 교파가 나누어지고 분화하여 가는 과정을 겪습니다.

예를 들면, 기독교의 양대 축 중 하나인 동방정교회의 삼위일체 설명은 본질은 하나님 한 분이신데 세 가지 위격으로 존재하신다고 주장하고 있으며, 반면에 다른 축인 서방교회, 즉 로마정교회는 세 가지 위격으로 하나님이 존재하시는데, 동일한 본질을 가지고 계신다는 주장입니다.

여러분은 이 두 가지 주장이 선뜻 이해가 되십니까? 수많은 신학자들이 소속되어 있는 거대 교파가 하는 주장이니, 분명 무언가 다르겠지 하면서도 그냥 "똑같구만" 하는 생각이 드는 것도 무리는 아닌 것 같습니다. 신학자들이 서로 자기 주장이 옳다고 싸우는 것은 그들만의 리그라고 치부해 버리면 그만입니다. 그런데 이 삼위일체 교리로 말미암아 현실에서 이해하기 어려운 혼란을 겪는 경우가 있어서 여기에서 그 문제를 언급하고자 합니다.

성경에도 "삼위일체"라는 단어는 기록되어 있지 않습니다. 신학자들, 목회자들이 스스로 만들어서 자신들의 영역을 구축해 나갈 때 그 도구로 사용하였다는 생각도 지워 버리기 어렵습니다.

아무튼 기독교에서 대세로 사용되고 삼위일체(三位一體)의 뜻은 성부 하나님, 성자 예수님, 성령님 세 분이 계시는데, 세 분의 자리 즉 위(位)는 달라서 삼위(三位)이시고, 또 세 분은 한 몸이시기에 일체(一體)라는 뜻입니다.

The Father, the Son, and the Holy Spirit constitutes the Holy Trinity.

그런데 성경에 기록되어 있기를, 하나님은 유일신(唯一神)이시라고 하셨고, 예수님은 아버지 하나님께 기도하고 있으며, 성령님은 하나님의 뜻을 받들어 사역(使役)하고 있습니다. 또 예수님도 원래 성령님이셨는데 사람으로 태어나면서 이 세상에서의 이름을 예수라고 하나님께서 정하셨습니다. 그러므로 도저히 세 분이 한 몸, 즉 일체라고 하는 점에 동의하기가 쉽지 않을 수밖에 없습니다.

또, 하나님은 스스로 "나(I)"라고 하셨습니다. "우리", 즉 "WE"라고 하지 않으셨습니다. 하나님은 오직 한 분이십니다. 삼위(三位)에 대해서는 이론(異論)이 없습니다. 오로지 일체(一體)에 대해서 이론(異論)이 있고, 설명도 어렵습니다.

그런데 어떤 사람들은 "성자 하나님" 또는 "성령 하나님"이라고 부르고 있습니다. 그렇게 부르는 근거는 일체이기 때문입니다. 그러나 일체를 한 몸이라고 해석하기에는 모순이 있습니다. 여기서 "체(體)"란 몸이라는 뜻도 있지만, 오히려 다른 뜻, 즉 본질(本質)이라고 해석하는 것이 타당하리라 봅니다. 본질이란 하나님의 마음을 뜻합니다. 그러므로 일체(一體)는 일심(一心)으로 해석함이 타당하리라 봅니다.

그러므로 "성자 하나님" 또는 "성령 하나님"의 호칭은 조심하여야 하고, 사용하지 않는 것이 오해를 생기지 않게 하는 길이라고 봅니다. "성자 하나님" 또는 "성령 하나님"의 호칭은 "너는 나 외에는 다른 신들을 네게 있게 말지니라"라고 하신 하나님의 명령을 거역하고 배반하는 일입니다. 하나님을 믿는 사람이라면 절대, 절대 해서는 아니 될 말입니다.

"하나님"으로 불릴 수 있는 분은 오직 한 분뿐입니다.

현실에서 우리는 성부 하나님 그리고 성령 하나님, 성자 하나님께 기도한다고 합니다. 그러면서 또 예수님 이름으로 하나님께 기도한다고 합니다. 그러면 성자 하나님이 성부 하나님께 기도한다는 이야기인데, 하나님이 하나님한테 기도한다, 이게 이해가 되십니까.

8 주 하나님이 이르시되 나는 알파와 오메가라 이제도 있고 전에도 있었
고 장차 올 자요 전능한 자라 하시더라 (요한계시록 1:8)
1 태초에 하나님이 천지를 창조하시니라 2 땅이 혼돈하고 공허하며
흑암이 깊음 위에 있고 하나님의 영은 수면 위에 운행하시니라
(창세기 1:1-2)

여기서 하나님의 영, 곧 성령이 수면 위를 운행하셨습니다. 하나님
이 운행하시지 아니하시고 성령님을 시켜 운행을 하셨습니다.

2 내가 곧 성령에 감동되었더니 보라 하늘에 보좌를 베풀었고 그 보좌
위에 앉으신 이가 있는데 5 보좌로부터 번개와 음성과 우뢰소리가 나고
보좌 앞에 켠 등불 일곱이 있으니 이는 하나님의 일곱 영이라 6 보좌 앞
에 수정과 같은 유리 바다가 있고 보좌 가운데와 보좌 주위에 네 생물이
있는데 앞뒤에 눈들이 가득하더라 (요한계시록 4:2, 5, 6)
6 내가 또 보니 보좌와 네 생물과 장로들 사이에 한 어린 양이 서 있는데
일찍이 죽임을 당한 것 같더라 그에게 일곱 뿔과 일곱 눈이 있으니 이
눈들은 온 땅에 보내심을 받은 하나님의 일곱 영이더라 7 그 어린 양이
나아와서 보좌에 앉으신 이의 오른손에서 두루마리를 취하시니라
(요한계시록 5:6-7)
18 예수 그리스도의 나심은 이러하니라 그의 어머니 마리아가
요셉과 약혼하고 동거하기 전에 성령으로 잉태된 것이 나타났더니
(마태복음 1:18)

그리고 일곱 성령님들과 예수님이 다르게 묘사되고 있습니다.

그러므로 단순 명료하게 성경 말씀을 이해하고, 바라보는 평범한 성도의 시선으로 보면, 분명히 하나님, 성령님, 예수님의 위(位)가 다릅니다. 구분이 됩니다. 그래서 삼위(三位)가 분명합니다.

또 성령님과 예수님은 하나님의 뜻대로 움직이는 하나님의 분신 같은 존재임을 알 수 있습니다. 분명히 하나님은 아니십니다. 그러나 성령님과 예수님의 뜻은 그 본질에서 하나님의 본질과 동일합니다.

더구나 하나님께서는 말씀하십니다. 나만이 경배를 받으신다고.

너는 나 외에는 다른 신들을 네게 두지 말라 (출애굽기 20:3)

결론으로 우리가 드리는 예배는 오직 하나님 한 분에게만 드려야 합니다.

성부 하나님만이 예배의 대상이고, 성령님이나 예수님은 예배의 대상이 아님을 확실하게 해야 합니다. 성령님은 우리를 도와주시는 보혜사이시고, 예수님도 우리의 죄를 용서받게 하여 주시고 구원의 길로 들어가는 자격을 부여하여 주시는 보혜사이십니다.

보혜사(保惠師)라는 뜻은 다른 사람에게 도움을 베풀도록 곁에 부름받은 자로서 조력자, 위로자, 상담자를 뜻합니다.

16 내가 아버지께 구하겠으니 그가 또 다른 보혜사를 너희에게 주사 영원토록 너희와 함께 있게 하리니 26 보혜사 곧 아버지께서 내 이름으로 보내실 성령 그가 너희에게 모든 것을 가르치고 내가 너희에게 말한 모든 것을 생각나게 하리라 (요한복음 14:16, 26)
내가 아버지께로부터 너희에게 보낼 보혜사 곧 아버지께로부터 나오시는 진리의 성령이 오실 때에 그가 나를 증언하실 것이요
(요한복음 15:26)

그러나 내가 너희에게 실상을 말하노니 내가 떠나가는 것이 너희에게 유익이라 내가 떠나가지 아니하면 보혜사가 너희에게로 오시지 아니할 것이요 가면 내가 그를 너희에게로 보내리니 (요한복음 16:7)

10. 영계(靈界) 하늘나라 이야기

요한이 직접 본 하늘나라 모습의 기록입니다.

이 세상이 만들어지기 이전부터 또 지금도 우리 눈에는 보이지 않는 영의 나라 하늘나라가 있습니다. 그 하늘나라를 통치하시는 유일하시고 거룩하신 이가 하나님이십니다.

하늘나라 보좌에 하나님이 앉아 계십니다.

하늘에 보좌를 베풀었고, 보좌에 앉으신 하나님의 모양이 벽옥과 홍보석 같고, 무지개가 보좌에 둘렀으며 그 모양이 녹보석 같습니다 보좌로부터 번개와 음성과 뇌성이 나고 보좌 앞에 일곱 등불이 켜져 있는데, 곧 하나님의 분신(分身)인 일곱 영 성령(聖靈)이 자리하고 있습니다. 또 보좌 오른편, 보좌와 네 생물 사이에 어린 양 예수님이 계시는데 그 모습이 일곱 뿔과 일곱 눈이 있으며, 그 일곱 눈은 예수님 다음으로 온 땅에 보내심을 입은 하나님의 일곱 성령(聖靈)입니다. 일곱 금 촛대 사이에 예수님이 발에 끌리는 옷을 입고 가슴에 금띠를 띠고 계시는데, 그 머리와 털의 희기가 흰 양털 같고 눈 같으며 그의 눈은 불꽃 같고 그의 발은 풀무에 단련한 빛난 주석 같고 그의 음성은 많은 물소리와 같으며 그의 오른손에 일곱 별이 있고 그 입에서 좌우에 날 선 검이 나오고 그 얼굴은 해가 힘있게 비치는 것 같았습니다.

또 보좌 앞에 수정과 같은 유리 바다가 있고, 보좌 주위에 네 생물이 있는데, 각각 앞뒤로 눈이 가득합니다. 그 네 생물들이 보좌에 앉으사 세세토록 사시는 하나님께 영광과 존귀와 감사를 올립니다.

"거룩하다. 거룩하다. 거룩하다." 하나님은 전능하시고 전에도 계셨고 이제도 계시고 장차 오실 분이십니다. 그리고 보좌를 중심으로 그 외곽에 천사들이 둘러서서 하나님께 영광을 올립니다. 하늘나라 일을 도맡아 하는 일꾼들, 즉 천사들을 하나님께서 직접 만드셔서 저들을 일꾼으로 부리고 계셨으며 그 수가 천천(백만)이요 만만(억)이었습니다. (요한계시록 4, 5장에서 발췌)

즉 하늘나라는 하나님이 중심 보좌에 계시고 주위에 네 생물이 있고, 그 사이에 예수님이 계시고, 그리고 일곱 성령님들이 하나님을 보필하며 계십니다. 외곽에는 천사들이 있으며, 그 숫자가 헤아릴 수 없이 많음을 봅니다.

예수님과 일곱 성령님들은 하나님을 경배하고 계심을 우리가 알 수 있습니다.

내 앞에 다른 신을 두지 말라고 십계명에서 말씀하셨습니다.

그러므로 우리가 예배해야 할 대상은 하나님 오직 한 분이심을 알 수 있으며, 그 주위에 예수님과 일곱 성령님이 하나님을 보좌하며 하나님의 뜻을 받들고 계심을 알 수 있으며, 그분들을 통하여 하나님께 나아갈 수 있음을 알 수 있습니다.

에덴동산을 만드셨습니다.

거룩하신 하나님께서 천지를 창조하신 후 이 땅 지구상에 에덴동산을 만드시고 거기에 손수 만드신 첫 사람 아담과 그 배우자 하와를 살게 하시고 천사들도 왕래하게 하시고, 하나님께서도 직접 오셔서 아담과 하와를 만나시고 즐거워하시며 기뻐하셨습니다. 이 땅에 하늘나라를 만드셨음을 알 수 있습니다. 예수님께서 주기도문에서 "나라가 임하시오며 뜻이 하늘에서 이루어진 것 같이 땅에서도 이루어지이다"라고 우리에게 기도하라고 하셨는데, 이 땅에 처음 이루어졌던 하늘나라가 에덴동산이었고, 다시 오실 예수님이 다스리실 두 번째 에덴동산, 즉 예수님이 주기도문에서 기도하신 하늘나라가 곧 곧 이 땅에 이루어지게 될 것입니다.

하늘나라는 언어가 하나입니다.

하나님께서 쓰시는 언어, 성령님들도, 천사들도 사용하는 언어를 아담과 하와도 사용하였습니다. 같은 말을 사용하였습니다. 에덴동산에서 하나님과 천사들의 하는 말을 알아듣고 말하고 의사소통을 하였습니다. 그러나 아담과 하와가 원죄를 지은 이후 하나님께서 사람의 영혼 중에서 영의 역할을 제한하시고 영을 잠들게 만드셔서 하나님의 말씀을 들을 수 없도록 사람의 귀를 막아 버리셨습니다. 더 이상 하나님과 성령님들과 천사들의 말을 들을 수 없게 되었습니다.

하늘나라는 사망이 없습니다.

첫 사람 아담과 하와도 에덴동산 안에서는 죽는 것 없이 영생복락하도록 창조되었습니다. 죽음이 없었습니다. 그러나 불행하게도 사탄의 유혹에 빠져 선악과를 먹음으로 에덴동산에서 쫓겨나면서 죽음이, 사망이 그들의 몸에 들어오게 되었습니다. 그럼에도 불구하고 아담과 그 후손 노아까지 그들은 거의 최장 1,000년 가까이 까지 살았습니다.

하늘나라는 향을 마시며 삽니다.

하나님, 성령님 그리고 천사들은 음식을 먹고 물을 마시는 몸을 가지고 있지 않습니다. 먹고 마셔야 살 수 있는 존재가 아니고, 다만 향기를 흠향하는 영이십니다. 그러한 모양과 형태대로 창조된 사람도 당연히 음식물을 먹고 물을 마시지 않는, 소화기관이 없는 상태로 창조되었습니다. 그런 몸이었는데, 먹지 말라고 금지한 선악과를 먹어, 입을 통해 들어온 과일을 소화시킬 소화기관이 없었습니다. 그래서 아담과 하와가 에덴동산에서 쫓겨날 때 하나님께서 그들의 몸에 소화기관을 추가하셨고, 물을 마셔야 사는 몸으로, 음식을 먹어야 사는 몸으로 변화시키셨습니다. 물과 음식을 먹어야 살 수 있는 몸이 되었다는 말은, 다른 측면에서 보면 물과 음식을 먹음으로 몸에 사망이 들어왔다고 볼 수 있게 되었습니다. 그러하면서 사람의 몸 수명을 120년으로 한정시키셨습니다.

하늘나라는 질병이 없습니다.

애초에 질병은 하나님께서 땅을 저주하심으로 인하여 땅이 만들어낸 것들입니다. 그러므로 원천적으로 질병은 이 땅에서 존재하는 것들입니다. 하늘나라에는 질병 자체가 없습니다. 그러므로 아픈 사람도 없고 병든 사람도 없고 질병의 고통도 슬픔도 없습니다. 이것이 하늘나라입니다.

하늘나라는 자아가 없습니다.

오직 하나님의 뜻만 존재하며, 그분의 뜻만 따라갑니다.

VIII

예수님이 전파하라 하신 복음은 무엇인가

1. 복음이란 무엇인가?

복음은 복된 소식, Good News이며, 하나님께서 사람에게 주시는 구원의 음성입니다. 사람은 누구나 자신이 어디서 와서, 왜 살며, 어디로 가는지 알지 못하고 살아가고 있습니다. 그러나 하나님께서 사람을 만드실 때 그 코에 불어 넣으신 영혼이 있었기에, 그 영혼이 갈망하고 있습니다. 끊임없이 알고 싶어 합니다. 사람의 무의식의 두뇌 속에서는 어디서 와서, 왜 살며, 어디로 가는지를 탐색하고 있습니다. 이에 대한 하나님의 답이 바로 복음입니다.

이 복음의 말씀을 하나님께서 직접 말씀하시는 모양으로, 대화체로, 사람의 탄생, 삶, 죽음 그리고 사망 이후의 구원까지 모든 story를 재구성하여 이야기하고자 합니다. 이 복음의 말씀이 땅끝까지 전파되어 옥토의 마음 밭을 가지고 있는 사람을 만나 열매를 맺게 되길 간절히 바랍니다.

하나님께서 사람에게 말씀하시는 복음은 이러합니다. 참고로 여기서 "나"는 하나님이시고, "너"는 복음을 듣는 사람을 지칭합니다.

내가 지금으로부터 6,137년 전 BC 4114년에 온 세상을 창조하였는데, 3차원 세상의 구성 본질이 되는 흙과 물을 먼저 만들고, 우주 만물을 움직이게 하는 힘 에너지를 만들었고, 태양 별들도 만들었다. 지구 대기권 밖을 둘러싸고 있었던 물에게 명령하여 공중 나는 생명체를 만들었고, 땅에 있는 물에게 명령하여 물에 사는 생명체을 만들게 하였으며, 또 땅에게 명령하여 땅에 사는 생명체를 만들었다. 그리고 마지막으로 내가 손수 흙으로 사람의 모양과 형태를 만들고 그의 코에 내가 직접 영혼을 불어넣어 살아 있는 사람으로 만들었다.

그렇게 땅과 물에게 명령하여 만들어진 모든 생명체는 육과 육을 살아 있게 하는 혼을 일체형으로 만들었고, 그것들은 일체형이었기에, 육이 죽으면 혼도 함께 죽도록 내가 만들었다.

그러나 사람은 육을 먼저 만들고 내가 사람의 코에 육과 별개로 영혼을 넣어 살아 있는 생명이 되도록 하였는데, 너의 경우에는 육이 죽으면 육은 흙으로 돌아가게 되지만, 내가 보낸 영혼은 죽지 않고 본향, 즉 내 앞으로 돌아오게 만들었다. 하늘에 있는 나와 성령 그리고 천사는 영이어서 육이 없다. 그래서 우리의 모양과 형태대로 너를 만들면서도 특별하게 너에게는 육을 보태어 새로운 생명으로 만들었다. 우리의 모양과 형태대로 만들었기 때문에 너는 물과 음식을 먹고 마시는 그런 몸이 아니라 과일의 향기, 즉 본질을 흠향하는 우리와 같은 형태로 너를 만들었다. 이런 과정을 거쳐 만들어진 네가 너무 자랑스럽고 보기에도 좋은 나의 걸작품이 되었다.

그래서 내가 천사들에게 자랑스럽게 나의 걸작품을 이야기하면서 천사장에게 앞으로 천사들은 내가 만든 사람 아담과 하와에게 시중을 들라고 하였다. 그러면서 아담과 하와에게도 반드시 지켜야 할 일로 에덴동산 중앙에 있는 선악과는 절대 먹지 말라고 명하였다. 먹으면 죽으리라.

너의 조상 아담과 하와가 나의 명을 어기고 선악과를 먹었다. 나의 명을 배신하고 지키지 않았다. 그래서 내가 너의 조상 아담과 하와에게 세 가지 벌을 내렸다.

하나는 선악과를 먹음으로써 사람의 몸에 음식이 들어오게 되고, 그 음식이 원인이 되어 몸에 수명(life)이 생기고 죽음이 들어오게 되었고, 또 그 음식을 소화시키는 소화 관련 기관들이 몸에 추가될 필요가 생겨 내가 너의 몸에 소화기관을 추가로 넣었다. 너는 앞으로 물과 음식을 먹어야만 하는 몸으로 변화되었다.

다른 하나는 네가 선악과를 먹음으로 너의 영혼에 스스로 선과 악을 구분하고 판단하는 마음, 즉 자아가 추가되게 되었다. 너는 나의 뜻을 거역함으로써 나와의 사이가 멀어지게 되었고 이것이 너에게 큰 죄, 즉 원죄가 되었다. 또 선과 악을 판단하는 마음, 즉 자아가 너의 영혼 속에 자리잡게 됨으로 너의 마음속에 끊임없는 의심이 생기게 되었고, 너희 사람들은 끊임없는 불신의 싸움으로 들어가게 되었다.

또 다른 하나는 너의 조상 아담과 하와를 내가 에덴동산에서 추방하였다. 이미 자아가 영혼 속에 스며들었기에 고쳐 쓸 수 없는 너를 다시는 보고 싶지 않아, 너의 영혼 중에서 영의 기능을 정지시키고 잠들게 하면서 오직 혼만 살아 있게 하였다. 그리하여 너는 나를 볼 수도, 만질 수도, 또 나의 말을 들을 수도 없게 만들었다.

너의 조상 아담과 하와를 에덴동산 밖 광야로 내쫓았다.

이러는 사이, 사탄은 사람 때문에 나의 미움을 받아 내침을 받았다고 사람에게 복수할 기회만 노리게 되었고, 또 아담과 하와는 광야에서 나의 돌봄 없이 먹고 마시면서 살아가기에 너무 힘이 드니까 나에게 살려 달라고 죽기 살기로 기도를 하였지만, 내가 그 기도를 들어주지 않았다.

결국에 아담과 하와는 높은 곳에서 뛰어내려 자살을 시도하였으나,

피만 흘리고 죽지는 않았다. 두 사람이 그들의 피 곧 생명을 바위 위에 올려두고 나에게 기도하면서 용서를 구하였기에, 내가 그들을 용서하고 구원하기로 마음을 굳혔고, 두 가지 꼭 지켜야 할 구원의 조건을 말하였다.

하나는 나를 믿어라. 그리고 믿음의 표현을 해라. 표현의 방법으로는 일 년에 세 번은 꼭 나에게 예배하는 것이다.

다른 하나는 너와 너의 후손이 나에게 예배를 하고, 용서를 구할 제사를 드릴 때는 반드시 피, 즉 생명을 바쳐서 나에게 제사를 드려라. 나도 먼 훗날 나의 때가 되면 나의 피로 너희를 용서하고 구원할 수 있는 방법을 열어 주겠다.

그렇게만 하면 내가 너의 믿음을 확인하고 먼 훗날 너를 구원하여 나 있는 곳에 너도 있게 하여 주겠다. 이것이 나의 구원의 약속이다.

에덴동산에서 쫓겨난 아담과 하와의 영혼은 가인, 아벨, 셋을 낳고 930년이 넘게 살다가 나에게 돌아왔고, 아담부터 1,600년 동안 그 후손이 살았는데, 사람들은 나에 대한 예배와 제사는 하지 않고 오히려 사탄의 계략에 말려들어 사탄의 무리들과 결혼하고 자식을 낳았다. 그 자식들이 네피림이라고 하는 거인들이었는데 그들이 세상을 지배하고 내가 만든 사람까지 죽이는 악행을 거듭하였다. 그래서 내가 저들 네피림들과 악행을 일삼으며, 나에게 예배를 드리지 않고 패역하는 사람들을 모조리 죽이기로 하고 홍수로 심판하였다. 다만 나를 믿고 나에게 예배하는 노아 가족 여덟 식구만은 내가 저들을 살려두어 내가 만든 사람의 명맥은 이어갈 수 있게 하였다.

사십 일 동안 밤낮으로 대기권 위에 있었던 물이 땅으로 쏟아져 내렸고, 땅속에 있던 지하수는 땅 위로 솟아올랐다. 지구 전체가 흔들렸고, 땅이 뒤집혔고, 바다가 산이 되고 산이 바다가 되는 대격변을 일으켰다.

비가 내리고 일 년이 지난 후 대홍수가 끝이 나고 땅이 드러나고 바다에 물이 모이고 세상이 정리가 다 된 후, 노아의 가족들은 방주에서 나와 제일 먼저 나에게 예배와 피를 바쳐 제사를 드리기에 내가 그 예배와 제사를 받고, 저들이 세상에서 생육하고 번성하며 땅에 충만하게 되라고 축복을 하여 주었다.

그렇게 축복을 해 주었건만, 노아 후손들이 또다시 죄를 짓고, 나에게 드려야 하는 예배와 제사도 망각하고 오히려 저들이 나와 같이 되겠다고 높은 탑을 쌓아 나에게 도전을 하였기에, 내가 저들의 언어를 혼잡하게 하여 저들을 세상으로 흩어 버렸고, 세상으로 흩어진 각 부족마다 서로 다른 언어를 사용하도록 만들었다.

나의 생각과 계획은 나에게 예배와 제사를 드리는 사람들을 축복하고 나를 믿으며 잘 살아가게 하는 것이었는데, 아담부터 2,000년 세월 동안 모든 사람들을 대상으로 시행하여 보니, 내 뜻대로 나를 믿고 예배하는 사람들이 극소수에 불과하고 여전히 나를 믿지 아니하는 사람들이 많음을 알게 되었다. 그래서 계획을 바꾸어 한 사람을 선택하여 나의 사람으로 만들고 그를 통하여 민족을 만들어 내가 선택하는 민족, 그 사람들의 하나님이 되기로 하였다.

그래서 내가 선택한 사람이 아브람(훗날, 아브라함)이었다.

그러다 보니 자연스럽게 노아 자식들 셈, 함, 야벳 중에서 셈의 후손 중 하나인 아르박삿, 그의 후손 아브라함에 이어지는 이스라엘 사람들만 나의 선택을 받게 되었고, 그 이외 후손들은 이방인이 되어 나의 보호에서 멀어지며, 떨어져 나가 세상으로 흩어져 살게 되었다.

이렇게 특별히 선택받은 아브라함의 후손 이스라엘 사람들도 저들 영혼 속에 들어있는 자아가 준동하여 또다시 나의 믿음을 배반하여 우상숭배하고, 나에게 드리는 예배와 제사를 드리지 않는 죄를 범하고 말았다. 내가 모세를 통하여 종이 되어 고통받는 저들을 구출하기까지 하였음에도 불구하고 저들은 그 은혜도 금방 잊어버리고, 나의 보호도 뿌리치고 사람으로 자기들 왕을 세워달라고 하였으며, 왕들이 앞장서서 우상숭배하고 나와 대적이 되었다.

그래서 이번에는 내가 저들을, 아브라함과 지켜주기로 2,000년 전에 약속했었던 이스라엘과의 약속을 파기하고 버리기로 하였다.

대신에 내가 옛날 아담에게 말하였던, 나의 피로 사람들의 원죄를 용서받게 하여 주겠다는 약속을 지키기로 하였다. 세상 모든 사람, 그가 이스라엘 사람이든, 이방인이든 가리지 않고, 차별 없이 모든 사람에게 공평하게 구원의 기회를 베풀기로 하였다. 그래서 하늘나라 나의 성령들 중 한 성령을 땅으로 내려보냈고, 땅으로 내려온 성령을 순결한 처녀 마라아의 몸을 경유하여 사람으로 태어나게 하였다.

그렇게 태어난 사람에게 세상 이름을 예수라고 내가 이름을 지어주었으며, 아울러 이 세상에 내가 보낸 나의 아들이라고 선포하였다.

나의 아들 예수가 이 땅에 왔다.

예수는 사람들의 원죄를 대신 속죄하려고 이 땅에 왔다. 그리고 나와 사람들 사이에서 중보자가 되고, 내 앞으로 나아 올 수 있는 길과 문이 되기 위하여 이 땅에 왔다. 나는 지성소에 있고, 너는 성소에서 나에게 예배하고 기도하도록 정해 두었고, 나와 너 사이에 예수가 있어 대제사장의 역할을 하도록 하였다.

그래서 나를 믿는 사람은 먼저 나의 아들 예수의 희생과 대속을 믿어야 하고, 예수가 인정하는 믿음의 명패를 가지고, 내 앞으로 나아올 수 있게 정하였다.

예수는 사람들의 원죄를 대신 속죄하려고 십자가에서 피를 흘리고 매달리어 죽었다. 예수 이전 구약 시대에는 성막에서 가축을 죽여 그 피와 살을 불에 태우는 번제를 통하여 사람의 죄를 용서받고 나에게 예배를 드릴 자격을 얻었지만, 신약 시대에는 예수가 십자가에서 피를 흘리고, 살이 찢어지는 고통 끝에 죽음으로 사람의 죄를 용서받고 나에게 예배를 드릴 자격을 얻게 만들었다. 이 예수의 피가 곧 나의 피이다. 그러므로 지금은 예수를 먼저 믿고 예수 이름을 앞세워 나의 앞으로 나아와 예배를 드리면 되고, 내가 그에 합당한 예배의 절차와 형식을 정하여 두었다.

너는 믿음으로 그 절차를 따라 나에게 예배하면 구원에 이르게 될 것이다.

십자가에 달려 죽은 예수는 3일 후 다시 부활하였고, 천사에 이끌리어 하늘나라로 올라갔으며, 부활 승천하기 전에 "또 다른 성령을 보내주신다"라고 한 약속을 지키기 위해 지금 이 세상에는 예수 후임으로 보내진 또 다른 성령이 너의 보혜사가 되어 주고 있다. 그리고 나를 믿은 사람들이 첫 번째 심판을 받고 천년왕국에서 살아가다가, 다시 두 번째 심판을 받고 영원히 나, 하나님과 함께 살아가게 될 것이다.

다시 말하지만 내가 너희에게 요구하는 것은 단 한 가지, 나를 믿고 예수 이름을 앞세우고 나를 찾아와서 예배를 드리는 자, 내가 저를 구원한다.

이상이 복음이고 나 하나님의 말씀이다.

2. (편지 Ⅱ) 아직까지 하나님의복음을 듣지 못한 사람들과 이미 하나님을 믿는 성도들에게 편지합니다.

"살아보니 모든 게 돈입니다." 어떤 老 교수가 한 말입니다. 세상에서는 돈이 최고입니다. 돈에서 명예가 나고, 돈에서 권력이 나옵니다.

돈이 있어야 먹고 마실 수 있으며, 돈이 있어야 만족을 느낄 수 있습니다. 돈이 없으면, 노숙자가 됩니다. 돈이 없으면 병원도 못 갑니다. 돈이 없으면 가족도 지키지 못합니다. 돈이 없으면 늘 기가 죽어 삽니다. 그래서 돈이 최고입니다. 다다익선(多多益善)입니다. 부자가 되고 싶어 합니다. 가난을 싫어합니다.

이렇게 너무 노골적으로 말하면 속물(俗物)로 보이나요? 그래도 이 세상에서 가장 중요한 것은 돈임을 어찌할 수가 없습니다. 유전무죄(有錢無罪) 무전유죄(無錢有罪), 가끔 신문에서 보는 단어가 우리 마음을 아프게 합니다.

그래서 너도나도 모두가 돈을 벌려고 혈안이 되어 일을 합니다. 남녀노소 불문하고 돈을 벌기 위해 땀을 흘립니다. 가만히 살펴보면 우리 인생이란 것이 끊임없이 돈을 벌기 위한 노력의 과정임을 부인하기 어려운 것 같습니다. 명예도 권력도 결국에는 돈으로 보상이 이루어집니다.

이렇게 중요한 돈에는 두 가지 종류가 있습니다. 하나는 현금이요, 다른 하나는 약속어음입니다. 현금은 눈앞에 있어서 언제든지 내 것으로 취할 수 있지만(그래서 현금이 좋습니다), 약속어음은 좋기는 하지만, 나중에 현금화할 수 있는 것이어서 당장은 현금이 아니다 보니 현금보다 못합니다. 그래도 약속어음도 좋습니다. 지금 당장 현금이 있고 또 가까운 장래에 현금이 되는 약속어음이 있다면 환상적이지 않겠습니까.

그런데 인생은 참으로 오묘합니다. 이렇게 좋은 돈으로 모든 것을 다 할 수 있는 듯이 보이지만, 돈으로 살 수 없는 것들이 우리 인생에 있습니다. 사람의 힘, 능력으로 할 수 없는 것들이 반드시 있기 마련입니다.

나의 영혼이 잘되어야 하는데 내가 어찌할 수 있는 게 아닙니다.

나의 인생 출발점에서 어떤 길을 가게 될지는 나도 모르고, 살아가는 과정과 미래가 어떻게 될지도 모릅니다. 또 몸이 아프면 병원에 가지만 병원에서도 고치지 못하는 병이 들면 그 또한 내가 어떻게 하여야 하는지 알지 못합니다.

결국 인생은 돈만 있으면 형통하는 것이 아니라 여기에 더해 나의 인생에 초자연적인 절대자 하나님의 보호가 반드시 필요함을 느낄 수밖에 없게 됩니다. 인생이란 내가 어디서 와서, 왜 살며, 어디로 가는지 알지 못하고 살아갑니다. 눈을 뜨고 있어도 못 보고, 귀가 있어도 들리지 않는 것이 인생입니다. 영적 시각 장애인이 인생입니다.

그럼에도 불구하고 사람이란 존재는, 하나님을 믿으면 하나님께서는 나에게 무엇을 주실지 알아야, 그리고 지금 내 눈앞에서 하나님이 주시는 현금성 축복이나, 내 육신이 죽고 난 후 하나님으로부터 받을 구원 즉 약속어음이 보여야 믿는 속물이 사람입니다.

사람들이란 그 마음속에 자아가 가득 들어차 있어서 이익이 되면 취하고 손해가 되면 버립니다. 참 슬픈 이야기이지만, 아무리 하나님을 믿고 의지하라고 권면하여도 이익이 눈에 보이지 않으면 사람들은 절대로 하나님을 믿지 않습니다.

그렇다고 하여도 이러한 사람들을 설득하여 하나님을 믿으라고 할 필요까지는 없습니다. 다만 사람들에게 하나님이 예비하신 현금성 축복과 구원의 약속어음이 있다는 사실만을 소개하고 전파만 할 뿐입니다. 믿고 안 믿고의 선택은 각자의 몫입니다. 그래도 하나님은 이런 사람들을 버려두지 아니하시고 사랑하셔서 하나님을 믿기로 작정한 사람들을 위하여 현금성 축복과 구원의 약속어음으로 보상책을 준비하여 두셨습니다.

하나님께서 준비하신 현금성 축복은 이 세상에서 지금 당장 하나님을 믿고 기도하면 하나님으로부터 받을 수 있는 기도 응답, 즉 문제

해결을 말하고, 구원의 약속어음이란 사람들이 그 수명을 다한 후 영혼이 심판받을 때 하나님께서 그의 영혼을 구원해 주시겠다는 약속이 약속어음입니다.

당신은 하나님께서 당신의 소원을 들어주신다고, 또 당신 스스로 절대 해결할 수 없는 문제, 시련과 환란을 해결하여 주신다고 믿습니까? 하나님께 대한 믿음이 기도 응답의 시작점입니다. 만약 믿지 못하거나 또는 안 믿는다면 당신은 하나님과 아무런 관계가 없으니 논할 필요조차 없을 것입니다.

그러므로 당신이 하나님을 믿는다면, 그리고 당신의 믿음을 하나님께 표현하여 믿음을 보여드린다면, 그리고 하나님께서 당신의 믿음을 인정하여 주신다면, 하나님께서는 당신에게 이 땅에서는 현금성 축복으로, 하늘나라에 가서는 구원의 약속어음으로 당신에게 은혜와 축복을 차고 넘치게 부어 넣어 주실 것입니다.

이제부터 당신이 이 땅에서 받을 현금성 축복과 영혼 구원의 약속어음에 대해 자세히 알아보겠습니다.

3. 하나님께서 하나님을 믿는 사람에게 주시려고 이생에서 예비하신 현금성 축복은 영혼이 잘되고, 범사가 잘 되고, 몸이 강건하게 되는 축복입니다.

사랑하는 자여 네 영혼이 잘됨 같이 네가 범사에 잘되고 강건하기를
내가 간구하노라 (요한3서 1:2)

기본적으로 이 땅에서 살아 있는 동안에 하나님께서 주시리라 예비

하신 현금성 축복에는 "영혼이 잘되고, 범사가 잘되고, 강건하게 하여 주시겠다는 약속의 말씀"이 곧 현금성 축복입니다.

성경에는 하나님께서 주시겠다 하시는 약속의 말씀이 무수하게 많습니다. 그런데도 사람들은 이를 귀 기울여 듣지 아니하고, 무심하게 흘려듣습니다. 이 시간에는 함께 어떤 축복의 말씀이 기록되어 있는지 살펴보겠습니다.

예수님이 이 땅에 희생 제물로 오시기 이전 구약 시대에는 하나님께서 직접 사람을 선택하시어 복을 내려 주셨습니다. 대표적으로 믿음의 조상 아브라함, 그의 아들 이삭, 이삭의 아들 야곱이 있습니다. 이 세 사람의 공통점은 언제 어디를 가든지, 어떤 상황에 처하든지 항상 하나님이 우선이었고, 하나님께 믿음으로 제사를 드렸다는 점입니다. 그리고 다윗 왕도 하나님의 보호와 축복이 있었기에 시련과 고난을 이기고 이스라엘에서 가장 위대한 왕이 될 수 있었습니다.

아브라함이 나이가 많아 늙었고 여호와께서 그에게 범사에 복을 주셨더라 (창세기 24:1) 그의 주인이 여호와께서 그와 함께 하심을 보며 또 여호와께서 그의 범사에 형통하게 하심을 보았더라 (창세기 39:3)

예수님이 이 땅에 오신 이후부터 현재까지는, (구약 시대에 하나님께서 이스라엘을 선민(選民)으로 선택하셨던 아브라함과의 약속을 이스라엘 사람들의 배신과 예수님을 죽인 죄과로 파기하셨습니다.) 유대인, 이방인 구별 없이 누구든지 하나님을 믿기만 하면 하나님께서 그의 영혼을 구원하시고 이 땅에서는 현금성 축복과 능력을 부어 넣어 주십니다.

예수께서 이르시되 할 수 있거든 이 무슨 말이냐 믿는 자에게는 능히

하지 못할 일이 없느니라 하시니 (마가복음 9:23)

내게 능력 주시는 자 안에서 내가 모든 것을 할 수 있느니라

(빌립보서 4:13)

하나님을 믿고, 기도만 하면 능력을 주신다고 하십니다.

17 믿는 자들에게는 이런 표적이 따르리니 곧 그들이 내 이름으로 귀신을 쫓아내며 새 방언을 말하며 18 뱀을 집어 올리며 무슨 독을 마실지라도 해를 받지 아니하며 병든 사람에게 손을 얹은 즉 나으리라 하시더라

(마 28:17-18)

또 마태복음 28:17-18 약속의 말씀이 믿는 자들에게 주시겠다고 약속하신 현금성 축복입니다. 하나님을 믿기만 하면 받을 수 있습니다. 다른 조건은 없습니다. 오직 믿음으로 받을 수 있습니다. 믿는 자가 예수그리스도 이름으로 하나님께 기도하면 하나님께서 다 이루어 주십니다. 이것이 하나님으로부터 받는 현금성 축복입니다.

첫째, 항상 사람을 해치고 망하게 하려 하는 마귀 사탄을 예수님 이름으로 물리치게 하는 능력을 주십니다. 마귀 사탄을 물리치면 그의 인생에서 유혹이나 함정이나 또는 사기를 당할 염려가 사라지게 됩니다. 다만, 주의할 점은 사탄을 쫓아내는 능력은 나에게 있는 것이 아니라 예수님 이름으로 기도할 때 하나님께서 그 능력을 주신다는 점을 잊어서는 안 되고, 만약 나의 이름이 하나님 이름보다 앞서 있다면 그 사람의 마음에는 믿음이 있다고 할 수 없습니다.

둘째, 새 방언을 말한다고 하셨는데, 사람이 태어난 이후 지금까지 원래 사용하고 있는 말은 첫 번째 방언이고, 새 방언이란 다른 나라

말을 말합니다. 이게 왜 필요할까요. 바로 다른 민족, 다른 나라 사람들에게 복음을 전파하기 위하여 새 방언이 필요하기 때문에 하나님께서 주십니다.

셋째, 뱀을 집어 올린다고 하셨습니다. 이 세상에서 제일 징그럽고 무서운 존재가 바로 뱀입니다. 에덴동산에서 하와를 유혹하여 죄를 범하게 한 것이 뱀이고, 뱀은 사탄의 도구입니다. 그 뱀을 집어 올릴 수 있게 하여 주십니다. 담대한 용기가 있게 하여 주시는 것이고, 용기를 통하여 하나님의 사랑을 받는 확신을 부어 넣어 주신다는 뜻입니다.

넷째, 어떤 독을 마셔도 해를 받지 않도록 하여 주십니다. 세상은 온갖 공해와 농약 등으로 오염된 식품류, 바이러스 세균 그리고 항생제 등 각종 약을 먹음으로 인한 부작용 등등 각양각색 해를 받을 수밖에 없는 세상입니다. 이러한 세상에서 무슨 음식을 먹든, 어떤 종류의 물을 마시든 해를 받지 않게 하여 주십니다.

다섯째, 병든 사람의 몸에 손을 얹고 예수 그리스도 이름으로 기도하면 하나님께서 치료하여 주십니다. 병원에서 치료를 포기한 병이 있으십니까? 예수님 이름으로 아픈 몸에 손을 얹고 기도하면 깨끗하게 치료됩니다. 만약 손을 조용히 얹는 행위 이외에 다른 이상한 행위들은 하나님의 방법이 아닙니다. 이상한 행위들을 하는 사람은 사탄에 속한 사람입니다.

다만, 사람이 사람의 능력으로 해결할 수 있는 것들은 하나님께서 손대지 않으십니다. 그것은 사람 스스로 땀을 흘려 해결해야 할 문제입니다. 하나님께서 영광을 받으셔야 할 것을 사람이 사람의 이름으로 가로막는 것은 허용되지 않습니다.

다시 한번 강조할 것은 위의 다섯 가지 축복은 믿는 사람에게 주시는 하나님의 축복이며, 하나님의 입장에서 바라보면, 하나님을 찾아와서 큰절을 하여 인사를 드리는 사람, 즉 예배하는 사람에게 "아! 너에게 나에 대한 믿음이 있구나"라고 알게 되실 것입니다. 찾아와서 큰절로 인사를 하는 행위가 바로 예배입니다.

4. 하나님께서 주시는 약속어음은 구원입니다.

구원(救援)이란 사람이 죽고, 그의 영혼이 본향(本鄕)으로 돌아가서 심판을 받을 때, 하나님께서 그 영혼을 선택하시고 새 에덴동산, 즉 천국에서 영생(永生)할 수 있게 하시는 것이 구원입니다. 사람이 죽은 후 영혼은 반드시 육체에서 분리되어 하나님 앞으로 나아가서 심판대에 서도록 정하여져 있는데, 그때 하나님을 믿은 영혼은 구원을 받을 것이요, 믿지 아니한 영혼은 지옥으로 떨어져서 영원토록 고통의 불속에 살아가게 됩니다.

잠시 잠깐 길어야 100년 세월 동안 살아가는 이생에서 하나님을 믿고, 또는 안 믿고 하는 선택이 본향에서의 심판으로 이어져 그의 영혼이 새 에덴동산, 즉 천국으로 가는가, 아니면 지옥으로 떨어지는가가 결정이 된다면 어떤 선택을 해야 할지는 자명(自明)한 일일 것입니다. 하나님을 믿고 그의 영혼이 천국으로 가게 되기를 기도합니다.

구원은 사람이 죽고 난 후의 일입니다. 그런데 사람들 중 일부는 이 세상에서 구원을 받는다고 이야기합니다. 그리고 한 번 구원을 받으면 그것으로 끝이라고 이야기합니다. 잘못된 주장입니다. 구원의 가부(可否) 심판은 하나님께서 하십니다. 그리고 하나님 심판은 단 한 번만 있을 뿐입니다. 구원했다, 또 구원 안 했다 그렇게 번복하시는 하나님이 아닙니다. 그러므로 이 세상에서 구원받았다고 단정하는 일은 없어야 할 것입니다.

구원의 가부를 심판하는 법정에서 재판장은 하나님이시고, 구원의 법정에 올라선 영혼이 이생에서 하나님께 대한 믿음이 있었는지 또는 없었는지를 구분하고 또 보증하시는 분이 예수님입니다. 예수님이 인정하면 믿음이 인정받는 것이고, 믿음을 인정받으면 구원을 받게 됩니다.

누구든지 사람 앞에서 나를 시인하면 나도 하늘에 계신 내 아버지 앞에서 그를 시인할 것이요 누구든지 사람 앞에서 나를 부인하면 나도 하늘에 계신 내 아버지 앞에서 그를 부인하리라 (마태복음 10:32-33)

구원이라는 단어에는 두 가지 뜻이 있습니다.

첫째는 이 세상을 배경으로 사용하는 뜻은 "위험, 절망 또는 곤란에 빠져 있는 사람을 구출한다."는 뜻이 있습니다. **두 번째는** "사람이 죽은 후 하나님이 사람의 영혼을 죄와 사망에서 구하여 그의 영혼을 영생에 이르도록 하여 주신다."라는 뜻입니다.

예수님이 말씀을 선포하시며 가는 곳마다 병자를 치료하시고, 귀신을 쫓아내시며, 죽은 자를 살리시는 기적을 보이셨습니다. 이러한 일들이 이 세상에서의 구원입니다. 앞에서 언급한 대로 이것은 현금과 같이 지금 당장 받을 수 있는 축복입니다.

48 예수께서 이르시되 딸아 네 믿음이 너를 구원하였으니 평안히 가라 하시더라 49 아직 말씀하실 때에 회당장의 집에서 사람이 와서 말하되 당신의 딸이 죽었나이다 선생님을 더 괴롭게 하지 마소서 하거늘 50 예수께서 들으시고 이르시되 두려워하지 말고 믿기만 하라 그리하면 딸이 구원을 얻으리라 하시고 (누가복음 8:48-50)

한편 두 번째 구원의 뜻은 영혼 구원을 뜻합니다. 사람이 선천적으로 지은 원죄에 대한 구원, 또 하나님을 믿지 아니하는 불신에서 탈출시켜 믿음으로 전환 시키는 구원, 즉 영혼 구원을 의미합니다. 누구나 몸이 죽고 영혼이 떠나 하나님 앞으로 가게 되면, 반드시 거쳐야 할 심판에서 하나님의 판정을 받게 됩니다.

38 내가 하늘에서 내려온 것은 내 뜻을 행하려 함이 아니요 나를 보내신 이의 뜻을 행하려 함이니라 39 나를 보내신 이의 뜻은 내게 주신 자 중에 내가 하나도 잃어버리지 아니하고 마지막 날에 다시 살리는 이것이니라 40 내 아버지의 뜻은 아들을 보고 믿는 자마다 영생을 얻는 이것이니 마지막 날에 내가 이를 다시 살리리라 하시니라 (요한복음 6:38-40)

23 죄의 삯은 사망이요 하나님의 은사는 그리스도 예수 우리 주안에 있는 영생이니라 (로마서 6:23)

18 예수 그리스도의 나심은 이러하니라 그의 어머니 마리아가 요셉과 약혼하고 동거하기 전에 성령으로 잉태된 것이 나타났더니 19 그의 남편 요셉은 의로운 사람이라 그를 드러내지 아니하고 가만히 끊고자 하여 20 이 일을 생각할 때에 주의 사자가 현몽하여 이르되 다윗의 자손 요셉아 네 아내 마리아 데려오기를 무서워하지 말라 그에게 잉태된 자는 성령으로 된 것이라 21 아들을 낳으리니 이름을 예수라 하라 이는 그가 자기 백성을 그들의 죄에서 구원할 자 이심이라 하니라
(마태복음 1:18-21)

28 내가 그들에게 영생을 주노니 영원히 멸망하지 아니할 것이요 또 그들을 내 손에서 빼앗을 자가 없느니라 29 그들을 주신 내 아버지는 만물보다 크시매 아무도 아버지 손에서 빼앗을 수 없느니라 30 나와 아버지는 하나이니라 하신대 (요한복음 10:28-30)

하나님이 주관하신 과거 현재 미래 역사

1. 과거의 기록을 역사 History라고 합니다.

History에는 두 가지가 있는데, 첫째는 인간들 중심의 History이고, 하나님 중심의 History가 둘째입니다.

2. 인간들 중심의 History 본질은 이렇습니다.

인간들 중심의 History는 인간끼리 싸움에서 승자, 즉 이긴 자들의 기록입니다. 다른 말로 표현하자면 약육강식의 기록이라고도 할 수 있습니다. 모든 인간에게는 본능적으로 자아(Ego)가 가득하여 자기의 욕심이 탐욕이 되어 자신을 지배하고 타인에게 나쁜 영향을 미칩니다.

탐욕에는 6가지가 있는데, 물과 음식을 먹어야 살 수 있는 육체로 말미암아 식욕이 그 첫째 탐욕이요, 성욕과 물욕이 다음이고, 명예욕과 권력욕이 그다음이고 마지막 탐욕으로 독점욕이 있습니다.

이러한 탐욕들이 원인이 되어 끊임없이 분쟁하고 싸웁니다. 개인끼리 분쟁하면 작은 싸움으로 그치지만, 정치적 모임체인 정당끼리 싸우면 사색당파 싸움이 되고, 나라와 민족, 부족끼리 싸우게 되면 그것이 전쟁이 됩니다. 결국 피를 흘리고 죽이고 죽임을 당하는 탐욕 싸움의 모든 기록들이 인간들의 역사 History입니다.

원천적으로 보면 인간 History의 출발은 자아입니다. 자아는 식욕, 성욕, 물욕, 명예욕, 권력욕 그리고 독점욕을 내 중심에서 나에게 이익이 되는지 손해가 되는지에 따라 결정하게 하는 마음입니다. 나에게 이익이 되면 선이요, 나에게 손해가 되면 악이라고 자아가 판단을 합니다. 선악을 판단하는 기준은 절대적 기준이 아니라 상대적 기준이기 때문에 이로 인하여 분쟁이 생기게 됩니다.

이런 문제가 되는 자아는 어디로부터 왔을까요. 그것은 첫 사람 아담과 하와가 하나님께서 먹지 말라고 금지하신 선악과를 먹음으로 말미암아 그 원죄로 자아가 인간의 마음속에 들어와 자리 잡게 된 것입니다. 결국 인류의 종말이 오기까지는 자아는 없어지지 않을 것이고, 싸움 분쟁 전쟁도 그치지 않을 것입니다.

3. 하나님 중심의 History를 살펴봅니다.

하나님 중심의 History는 하나님께서 사람들에 대한 하나님 계획과 목표대로 하나님께서 주관자가 되셔서 이끌어 오신 과거, 현재, 미래의 기록들입니다.

하나님께서 사람에게 원하셨던 첫 번째 것은, 에덴동산에서 아담과 하와를 쫓아내신 후에도 사람들에게 잘먹고 잘살며, 번성하도록 축복하여 주시면서, 사탄의 세력을 포함하여 그 어떤 외부 세력이 사람을 다치게 하거나 공격하는 행위를 절대 용납하지 않으셨습니다. 하나님 허락 없이 사람을 심판할 자가 없습니다. 하나님께서는 사탄에게도 사람을 시험하더라도 그 생명은 손대지 말라고 금지하신 바 있습니다. 하나님을 믿는 사람들에게는 천군천사의 보호를 받도록 하셨습니다.

11 이제 주의 손을 펴서 그의 모든 소유물을 치소서 그리하시면 틀림없이 주를 향하여 욕하지 않겠나이까 12 여호와께서 사탄에게 이르시되 내가 그의 소유물을 다 네 손에 맡기노라 다만 그의 몸에는 네 손을 대지 말지니라 사탄이 곧 여호와 앞에서 물러 가니라 (욥기 1:11-12) 5 이제 주의 손을 펴서 그의 뼈와 살을 치소서 그리하시면 틀림없이 주를 향하여 욕하지 않겠나이까 6 여호와께서 사탄에게 이르시되 내가 그를 네 손에 맡기노라 다만 그의 생명은 해하지 말지니라 (욥기 2:5-6)

또 다른 한 가지 사람들로부터 받기를 원하셨던 것이 있었습니다. 그것은 비록 에덴동산에서 사람을 쫓아내시기는 하셨지만, 직접 흙을 빚어 만들고 영혼을 불어넣어 생령이 된 사람에 대한 사랑과 미련이 남아 있어 그들과 어제나 오늘이나 내일이나 계속하여 만나 보시기를 원하셨습니다.

바로 이 두 가지 조건이 하나님 뜻에 합당하게 이루어졌는지 또는 이루어지지 못하였는지에 따라 하나님 주관하신 역사 History가 기록되어 왔습니다.

하나님께서 세상을 창조하셨다는 창조론을 믿지 아니하는 진화론자들 중에서 인류학을 전공한다는 학자들이 말하기를 인간은 5만 년 전에 처음 등장했다고 하면서 지금까지 지구상에 태어난 사람의 숫자가 총 1,000억 명이 넘을 것이라고 주장합니다. 그러나 하나님을 믿는 사람들은 첫 사람 아담부터 지금까지 약 6천 년 세월 동안 지구상에 태어난 사람의 숫자는 약 200~300억 명 정도 되리라 추정합니다.

그러면 약 200~300억 명 되는 사람들 중에서 누구는 하나님 마음에 드는 사람이고 누구는 하나님으로부터 버림을 받은 사람인지, 어떤 기준으로 하나님께서는 판단을 하시는지 그 기준이 있으리라 생각합니다. 예수님 제자 바울 사도가 말하기를 사람들 중에 의인은 단 한 명도 없다고 하였으며, 모든 인간은 아담과 하와가 선악과를 먹음으로 인하여 하나님으로부터 버림받고 죄인이 되었습니다. 그리고 살아가면서 하나님께 죄를 짓지 아니하는 사람은 단 한 명도 있을 수 없습니다. 즉 원죄와 자범죄는 항상 사람을 따라 다닙니다.

이렇게 연약하고 죄투성이인 사람을 하나님께서는 어떤 기준으로 취할 사람과 버릴 사람을 구분하시는지, 또 어떤 기준에 따라 하나님께서 역사를 주관하시는지, 성경에 기록된 기준을 살펴봅니다.

첫째 기준, 하나님을 믿고 사랑하는 사람은 믿음과 사랑을 하나님께 표현하기 위해 또는 믿음과 사랑을 하나님께 말씀드리지 아니하고는 믿고 사랑하는 감정을 주체할 수 없어서 하나님을 찾아와서 문안 인사를 드리는 사람인지 또는 아닌지를 기준으로 삼으셨습니다. 문안 인사를 드리는 사람은 하나님께서 품으로 안아 주시고, 문안 인사를 드리지 않는 사람은 버림을 받을 것입니다.

하나님께서 말씀하시기를 너희 모든 남자는 매년 세 번씩 주 야훼께
보일지니라 (출 23:17, 출 34:23)
야훼가 말하노라 매월 초하루와 매 안식일에 모든 혈육이 내 앞에
나아와 예배하리라 (이사야 66:23)

둘째 기준, 사람은 죄인 된 상태로 하나님께 나아올 수 없습니다. 하나님은 죄인을 만나 주시지 않습니다. 에덴동산에서 선악과를 먹기 이전의 아담같이 정결한 사람만이 하나님 앞에 나아갈 수 있습니다. 그러면 원죄를 지은 사람으로서 어떻게 죄를 씻어 정결한 상태로 될 수 있습니까.

사람을 정결한 상태로 만들기 위해 하나님이 정하신 방법으로, 예수님이 이 땅에 오시기 전 창세로부터 4천 년 동안에는 흠 없고 정결한 가축에게 사람의 죄를 전가시키고, 사람의 죄를 뒤집어 쓴 그 가축을 죽여 피와 살을 제단에 바침으로, 제사라는 절차를 통하여, 사람이 죄 없는 정결한 상태가 되어 하나님께 문안 인사를 드릴 수 있는 자격을 받도록 하였습니다. 즉, 화제를 통하여 죄를 사함 받고 하나님 면전에 나아갈 수 있는 자격을 부여받게 되었습니다.

그리고 예수님이 이 땅에 오신 이후부터 현재까지 그리고 앞으로는, 이 땅에 오신 예수님이 사람의 죄를 대신 짊어지고 십자가에서 피와 살을 바쳐 죽었다가 부활하심으로, 사람이 정결하게 될 수 있는 길을 열어 주셨습니다. 이 사실을 믿는 사람은 하나님께 문안 인사를 드릴 수 있는 자격을 받도록 하였습니다. 즉 예수님 대속의 희생을 믿는 사람은 정결한 사람이 되어 예수님 이름을 앞세워 하나님 앞으로 나아갈 수 있는 자격이 생기게 되었습니다.

예수께서 이르시되 내가 곧 길이요 진리요 생명이니 나로 말미암지 않고는 아버지께로 올 자가 없느니라 (요한복음 14:6)
예수께서 신 포도주를 받으신 후에 이르시되 다 이루었다 하시고 머리를 숙이니 영혼이 떠나가시니라 (요한 19:30)
50 예수께서 다시 크게 소리 지르시고 영혼이 떠나시니라 51 이에 성소

휘장이 위로부터 아래까지 찢어져 둘이 되고 땅이 진동하며 바위가
터지고 (마태복음 27:50-51)

다만, 여기서 혼란, 착각 또는 잘못을 저지를 가능성이 있는 매우
중요한 포인트는, 사람이 하나님 면전으로 나아갈 때 예수그리스도
라는 길을, 문을 통과하여야만 하나님 앞에 나갈 수 있다는 점과, 이
때 예수님은 길이요 문이라는 사실입니다. 예수님은 예배의 대상이
될 수 없고, 사람이 예수님을 예배해서도 아니 됩니다. 예수님은 하나
님께 나아가는 길이요 문일 뿐입니다. 오직 하나님 한 분만이 예배의
대상이라는 사실을 혼동하여서는 아니 됩니다.

셋째 기준, 하나님께서는 사람들 중에서 원죄와 자범죄를 깨끗하게
씻어 정결하게 한 후 하나님께 문안 인사를 드리는 사람들은 하나님
의 자녀로 삼으시고 보호하십니다. 사탄을 포함하여 그 누구든지 하
나님의 자녀를 해치는 자는 반드시 하나님께서 응징하십니다.

주는 하늘에서 들으시고 행하시되 주의 종들을 심판하사 악한 자의 죄를
정하여 그의 행위대로 그의 머리에 돌리시고 공의로운 자를 의롭다 하사
그 의로운 대로 갚으시옵소서 (역대하 6:23)
여호와 하나님이 아담과 그의 아내를 위하여 가죽옷을 지어 입히시니라
(창 3:21)
남자와 여자를 창조하셨고 그들이 창조되던 날에 하나님이 그들에게 복
을 주시고 그들의 이름을 사람이라 일컬으셨더라 (창 5:2)
하나님이 노아와 그 아들들에게 복을 주시며 그들에게 이르시되 생육
하고 번성하여 땅에 충만하라 (창 9:1)
5 이제 주의 손을 펴서 그의 뼈와 살을 치소서 그리하시면 틀림없이 주

를 향하여 욕하지 않겠나이까 6 여호와께서 사탄에게 이르시되 내가 그를 네 손에 맡기노라 다만 그의 생명은 해하지 말지니라 (욥기 2:5-6)

하나님께서는 위 3가지 기준으로 역사를 주관하시고 계십니다.

위 기준에 따라 하나님의 역사 History는 크게 구분하여 보면 아담부터 현재까지 6단계로 구분하여 역사를 주관하셨고 5단계 끝 때가 오면 이 세상을 마감하시고 마지막으로 하늘나라 제2 에덴동산이 이 세상에 다시 임하고 될 것입니다. 이것이 하나님의 History입니다. 지금부터 6단계 단계별로 하나하나 살펴보도록 하겠습니다.

4. 제1기 아담부터 노아 대 홍수까지
(물로 심판하시다)
(BC 4114 ~ BC 2458) (창세기 1~7장)

1단계 기간의 중요한 역사적 사실은 아담과 하와의 장남 가인이 차남 아벨을 죽이고, 하나님의 징벌로 세상으로 쫓겨나고, 아담에게 다시 아들을 주셨는데, 그 이름이 셋이었습니다. 셋이 에노스를 낳고, 계속하여 그 후손으로 게난, 마할랄렐, 야렛, 에녹, 무두셀라, 라멕을 낳았습니다. 이들 모두가 수명이 900년 전후로 장수하였는데, 아담은 930세를 살면서, 9대 손자이자 노아의 아버지 라멕이 태어나는 것을 보고 사망을 하였습니다. 이는 10대 손자 노아가 태어나기 120년 전에 사망하였으니, 얼마나 오랫동안 살았는지 놀라울 따름입니다.

아담이 이렇게 오래 살아 있었다는 것은 즉 노아는 할아버지 아담이 전해주는 하나님의 창조 이야기, 에덴동산 이야기, 원죄에 대한 이야기 등 첫 할아버지가 전해주는 모든 이야기를 전해 들었고, 또 노아의 아들들에게도 전하여 주었다는 뜻입니다.

아무튼 하나님은 아담의 후손이 번성하고 잘살기를 바랐으며, 그들의 문안 인사를 받기를 바랐을 것이며, 또 아담부터 노아까지 후손들이 믿음을 지키면서 하나님 사랑을 받으며 살았으리라 보입니다.

하지만 세상일에는 항상 사탄의 음모와 시험이 있게 마련입니다. 아니나 다를까 여지없이 사탄의 계략이 시작됩니다. 하나님께 불순종한 사탄의 무리들이 셋과 가인의 후손 중 어여쁜 딸들을 취하여 배필을 삼고 또 아들들을 낳았습니다. 그 아들들은 키가 3~4m에 이르는 거인이었고 그 이름을 네피림이라고 불렸습니다.

그들로 말미암아 순수한 아담의 혈통이 더러워졌고, 또 너무 거대한 거인들이 세상을 지배하게 됨으로 말미암아 세상 질서가 무너지게 되었으며, 순수한 아담의 자손들이 살아갈 수 없는 사탄이 지배하는 세상으로 변질되게 되었습니다.

1 사람이 땅 위에 번성하기 시작할 때에 그들에게서 딸들이 나니 2 하나님의 아들들이 사람의 딸들의 아름다움을 보고 자기들이 좋아하는 모든 여자를 아내로 삼는지라 3 여호와께서 이르시되 나의 영이 영원히 사람과 함께 하지 아니하리니 이는 그들이 육신이 됨이라 그러나 그들의 날은 백이십 년이 되리라 하시니라 4 당시에 땅에는 네피림이 있었고 그 후에도 하나님의 아들들이 사람의 딸들에게로 들어와 자식을 낳았으니 그들은 용사라 고대에 명성이 있는 사람들이었더라 5 여호와께서 사람의 죄악이 세상에 가득함과 그의 마음으로 생각하는 모든 계획이 항상 악할 뿐임을 보시고 6 땅 위에 사람 지으셨음을 한탄하사 마음에 근심하시고 7 이르시되 내가 창조한 사람을 내가 지면에서 쓸어버리되 사람으로부터 가축과 기는 것과 공중의 새까지 그리하리니 이는 내가 그것들을

지었음을 한탄함이니라 하시니라 8 그러나 노아는 여호와께 은혜를
입었더라 (창세기 6:1-8)

그리하여 하나님께서도 도저히 정상적 방법으로는 악이 가득 찬 세
상을 정화시킬 수 없게 되었고, 특히나 네피림들이 하나님께서 지으
신 사람들을 죽이기까지 하였기 때문에 이 세상을 멸하여 버리기로
결정하시게 되었습니다.

하나님께서 그래도 아담의 후손을 사랑하셔서 노아의 가족 8식구
는 살 수 있게 하기 위하여 노아에게 대홍수에 대비하여 방주를 준비
하라고 기회를 주십니다.

그리고 물로 땅 위에 있는 호흡하는 모든 것들을 다 심판하십니다.

하나님께서 만드신 사람을 하나님 손이 아닌 사탄의 손에 의해 죽
임을 당하고, 멸망되는 것을 하나님께서는 절대 용납하지 않으신다는
점에 유의해야 합니다. 하나님을 믿는 사람은 하나님께서 지켜주심을
알 수 있습니다. 아담부터 노아의 아버지 라멕의 아들딸들까지 얼마
나 많은 사람들이 구원을 받았는지는 알 수 없으나, 하나님을 믿고 문
안 인사를 꼬박꼬박 드린 사람들은 구원을 받았을 것이요, 네피림들
에 휩쓸린 사람들은 멸망당했을 것입니다.

제1기 결론은 아담부터 노아 대홍수까지(BC 4114~BC 2458) 세
월 동안은 하나님께서 역사를 주관하셨고, 마지막에 사탄이 사람을
죽이는 것은 하나님께서 용납하실 수 없었고, 사람의 핏줄을 유지하
시기 원하셨기에 노아 가족만 살려두고 네피림을 포함하여 나머지 하
나님을 믿지 않은 사람들을 멸망시키셨습니다.

5. 제2기 노아 대홍수 이후부터 아브라함까지
(BC 2458 ~ BC 2166) (창세기 8~11장)

BC 2458년, 아담으로부터 1,656년이 지난 그해 하나님께서 대홍수를 일으키셨습니다. 땅 위에 사는 모든 호흡하는 동물들은 다 물에 빠져 죽었습니다. 오직 노아의 여덟 식구와 방주에 실렸던 동물들만 살아났습니다. 노아 부부와 샘, 함, 야벳 세 아들과 세 며느리들은 하나님의 진노와 심판이 얼마나 무서운지 직접 경험을 하였고, 또 하나님께서 8식구를 얼마나 사랑하시었는지, 홍수 심판에서 왜, 어떻게 살려 주셨는지 뼛속 깊이 체험하였습니다. 한 가지 더 하나님의 은혜가 얼마나 크고 깊으신지 알 수 있었던 것은 정말 다행스럽게도 노아의 아버지 라멕이 하늘나라로 가고 난 후 5년이 지나서 홍수 심판이 있었다는 사실입니다. 이 사실은 아담의 아들 셋의 후손 모두 다 구원을 받았다는 증거라고 믿습니다. 오늘날도 우리가 하나님께서 원하시는 대로 믿음 생활을 하면 하나님께서 우리를 구원하시고 심판에서 면하게 하신다는 사실을 알 수 있습니다.

홍수 이후, 샘, 함, 야벳의 후손들이 온 세상으로 퍼져 나가 생육하고 번성하면서 땅에 충만하게 되었습니다.

하나님이 노아와 그 아들들에게 복을 주시며 그들에게 이르시되 생육하고 번성하여 땅에 충만하라 (창세기 9:1)

인간이라는 존재는, 그 마음속에 들어와서 사람 DNA에 자리 잡고 있는 자아라는 것이 끊임없이 꿈틀거려 탐욕을 부추깁니다. 여기에 한술 더 떠 사탄도 끊임없이 포기를 하지 아니하고 사람을 유혹하고 시험하여 하나님으로부터 버림을 받게 하려고 불철주야로 쉬지 않고 움직입니다.

시간이 흐르고, 세월이 흐르고, 또 사람의 수명이 120세로 줄어들게 됨으로 말미암아 노아의 3대 손자가 태어날 그 즈음에 가서는 노아도 죽었고, 셈, 함, 야벳도 죽었습니다. 대홍수의 기억도, 하나님에 대한 경외심도 흐릿하게 되어 갑니다. 그러다가 결국에는 또 씻을 수 없는 죄를 범하게 됩니다.

인간들은 스스로 능력이 최고라고 자만하여, 하나님의 권위에 도전하는 망발을 하기에 이릅니다. 그래서 바벨탑을 쌓고 하늘 높이 올라가서 능력을 선포하고 사람이 주인이 되는 세상을 만들자고 말하면서 서로서로 뭉치게 됩니다.

그러나 하나님은 이를 허락하지 않으셨습니다. 그래서 더 이상 하나님께 도전하는 짓을 하지 못하도록, 사람들이 끼리끼리 뭉치지 못하도록, 또 대화를 못 하도록 그들의 말, 즉 하늘나라 언어를 쪼개어 흩어 방언으로 만들어 버렸습니다. 사람들이 서로 대화가 불가능하게 되어 버렸습니다. 오직 대화가 가능한 집단은 가족, 그리고 가까운 직계 존비속뿐이었습니다. 다른 말로 표현하면 같은 부족뿐이었습니다.

아담 이후 바벨탑 사건까지 사람들이 사용하던 언어는 하늘나라 언어였습니다. 아담이 에덴동산에서 하나님과, 천사들과 대화할 때 사용하던 언어는 하늘나라 언어였고, 에덴동산에서 쫓겨난 후 아담의 후손들이 광야에서 사용하던 언어도 하늘나라 언어였습니다.

1 온 땅의 언어가 하나요 말이 하나였더라 2 이에 그들이 동방으로 옮기다가 시날 평지를 만나 거기 거류하며 3 서로 말하되 자, 벽돌을 만들어 견고히 굽자 하고 이에 벽돌로 돌을 대신하며 역청으로 진흙을 대신하고 4 또 말하되 자, 성읍과 탑을 건설하여 그 탑 꼭대기를 하늘에 닿게 하여

우리 이름을 내고 온 지면에 흩어짐을 면하자 하였더니 5 여호와께서 사람들이 건설하는 그 성읍과 탑을 보려고 내려오셨더라 6 여호와께서 이르시되 이 무리가 한 족속이요 언어도 하나이므로 이같이 시작하였으니 이후로는 그 하고자 하는 일을 막을 수 없으리로다 7 자, 우리가 내려가서 거기서 그들의 언어를 혼잡하게 하여 그들이 서로 알아듣지 못하게 하자 하시고 8 여호와께서 거기서 그들을 온 지면에 흩으셨으므로 그들이 그 도시를 건설하기를 그쳤더라 9 그러므로 그 이름을 바벨이라 하니 이는 여호와께서 거기서 온 땅의 언어를 혼잡하게 하셨음이니라 여호와께서 거기서 그들을 온 지면에 흩으셨더라 (창세기 11:1-9)

이들로부터 여러 나라 백성으로 나뉘어서 각기 언어와 종족과 나라대로 바닷가의 땅에 머물렀더라 (창세기 10:5)

이 사건 이후 사람들은 가족단위로 또 부족단위로 뿔뿔이 흩어졌고, 멀리멀리 흩어져 살다 보니 하나님께 대한 신앙도 날이 갈수록 희미해져 갔습니다. 홍수 이후 가장 중요하고 또 긴급한 비상상태가 되고 말았습니다.

그리하여 하나님께서 보시기에 저들을 그대로 방치하여 두면, 영원히 하나님을 잊어버리고 사탄의 손아귀에서 놀아날 수밖에 없겠구나 하고 생각하시게 되었습니다. 그래서 다시 계획을 세우시게 되었습니다. 이번에는 사람들을 멸하시는 방법이 아니라, 한 사람을 선택하시어 그를 통하여 하나님께서 살아 계심을 세상에 알리고, 위대하시고 존귀하신 하나님을 나타내시고, 하나님의 사랑을 받을 수 있는 사람들, 민족을 만드시는 계획을 세우셨습니다.

노아의 10대 손자 아브라함을 선택하셨습니다.

아브라함을 시작으로 하여 하나님께 속하는 한 민족을 만들고자 하셨습니다.

1 여호와께서 아브람에게 이르시되 너는 너의 고향과 친척과 아버지의 집을 떠나 내가 네게 보여 줄 땅으로 가라 2 내가 너로 큰 민족을 이루고 네게 복을 주어 네 이름을 창대하게 하리니 너는 복이 될지라 3 너를 축복하는 자에게는 내가 복을 내리고 너를 저주하는 자에게는 내가 저주하리니 땅의 모든 족속이 너로 말미암아 복을 얻을 것이라 하신지라 4 이에 아브람이 여호와의 말씀을 따라갔고 롯도 그와 함께 갔으며 아브람이 하란을 떠날 때에 칠십오 세였더라 (창세기 12:1-4)

아브라함은 노아의 큰아들 셈의 후예였고, 그 아버지는 갈데아 우르 지방에서 우상을 만들어 파는 직업을 가지고 있었다고 합니다. 그러니까 족보는 정통 핏줄을 타고 태어났지만, 생활 환경은 우상을 만들어 파는 좋지 못한 환경에서 살았음을 봅니다. 75세가 되어서 하나님의 선택을 받았으니, 오늘날로 치면 은퇴를 하고도 한참을 지나서 선택을 받은 바 된 것이고, 175세에 죽었으니 부름받고 난 이후 100년을 믿음의 조상으로 살았습니다. 우리는 여기서 왜 하나님께서 아브라함을 선택하셨는지 그 이유를 알 수 있습니다. 첫째는 정통 핏줄입니다. 아담-노아-데라-아브라함으로 이어지는 정통 핏줄의 자손이었고, 둘째는 우상숭배의 좋지 않은 환경의 출생이었기에 하나님께서 새롭게 다듬고 만들어 새로운 사람으로 재탄생시킬 수 있었다는 점이 그 이유라고 보여집니다.

제2기 결론은 노아 대홍수 이후부터 아브라함까지는, 하나님께서 노아 가족들이 대홍수를 경험하였으니 그들이 하나님을 잘 믿을 것으로 믿었고, 또 그들 노아 후손들도 하나님 뜻에 합당하게 살아가기를 기대하셨으나, 그들 또한 믿음을 잃고 세상으로 흩어져 방황하는 모습을 보였습니다. 그래서 하나님께서 이번에는 아브라함 한 사람을 선택하여 믿음의 본을 보여 줄 수 있는 민족을 만들기로 뜻을 정하시고 갈데아 우르에 살고 있었던 아브라함을 선택하셨습니다.

6. 제3기 아브라함부터 사울왕 즉위까지
(BC 2166 ~ BC 1047)

1 여호와께서 아브람에게 이르시되 너는 너의 고향과 친척과 아버지의 집을 떠나 내가 네게 보여 줄 땅으로 가라 2 내가 너로 큰 민족을 이루고 네게 복을 주어 네 이름을 창대하게 하리니 너는 복이 될지라
(창세기 12:1-2)
또 이르시되 나는 네 조상의 하나님이니 아브라함의 하나님, 이삭의 하나님, 야곱의 하나님이니라 모세가 하나님 뵈옵기를 두려워하여 얼굴을 가리매 (출애굽기 3:6)

하나님께서 너무 자랑스럽게 모세에게 말씀하시기를 하나님 자신이 아브라함, 이삭, 야곱의 하나님이라고 말씀하고 계심을 봅니다. 하나님께서는 아브라함, 이삭, 야곱을 택하시고 또 야곱의 12 아들을 두고 이스라엘 12지파를 만들고, 하나님 한 분만을 주님으로 모시고 문안 인사로 예배하는 족속, 선택받은 이스라엘을 보시면서 크게 기뻐하셨음을 알 수 있습니다.

이때부터 저들 이스라엘 사람들을 과거와 같이 사람들 마음대로 살아가게 두는 것이 아닌, 하나님께서 직접 다스리시고 돌보시기로 하셨습니다. 인본주의 시대가 지나가고 하나님 뜻이 중심이 되는 신본주의 시대가 펼쳐지게 되었습니다. 모세를 통하여 10계명도 주셨고,

원죄를 용서받을 수 있게 제사를 드리는 방법도 말씀하여 주셨습니다. 어떻게 살아가야 하는지 세심하게 알려 주셨습니다. 그렇게 하나님을 중심에 두고 그분께만 예배하는 이스라엘 민족으로 1,100년 동안 살았습니다.

그러나 사람이란 참 이기주의적이고 그 DNA에 탐욕스러운 자아를 가지고 있어서 하나님조차도 그것을 없애버리시지 못하셨습니다. 하나님께서 다스리시는 세월이 1,100년이 지나가니, 이스라엘 사람들조차 슬슬 변질이 되기 시작했고, 하나님의 다스리심에 불만을 품고, 세상 다른 이방인들처럼 자신들의 왕을 세워 달라고 하나님께 애원하기 시작했습니다. 그 길이 종국에는 패망의 길이 된다는 것을 모르고, 자신들을 스스로 사람의 지배 속으로 들어가고자 하였습니다.

결국 하나님께서 저들의 기도를 들어 주셨고, 저들은 시련·환란 전쟁 포로, 종이 되고, 그리고 사망의 길로 접어들게 되었습니다.

제3기 결론은 아브라함부터 사울왕 즉위까지 세월 동안은 이전 제1, 2기와 동일하게 하나님께서 직접 아브라함을 선택하시고, 축복하시고, 믿음의 조상을 만드시고, 이스라엘 12지파를 허락하셔서 저들을 축복하여 주셨음에도 불구하고, 또 저들에게 살아 계시는 하나님의 기적과 보호를 보여 주셨음에도 불구하고, 저들은 그 정도로 만족을 하지 못하고 스스로 종의 굴레를 쓰기로 하였습니다. 그리고 하나님께 사람으로 자기들을 지배할 왕을 세워 달라고 간청하는 지경에 이르게 되었습니다.

7. 제4기 사울왕부터 말라기 이후 암흑기까지
(BC 1047 ~ BC 0)

하나님께서 사울을 왕으로 세우시고, 이스라엘 민족이 세상 지옥의 길로 들어가게 방치하셨습니다.

4 이스라엘 모든 장로가 모여 라마에 있는 사무엘에게 나아가서 5 그에게 이르되 보소서 당신은 늙고 당신의 아들들은 당신의 행위를 따르지 아니하니 모든 나라와 같이 우리에게 왕을 세워 우리를 다스리게 하소서 한지라 6 우리에게 왕을 주어 우리를 다스리게 하라 했을 때에 사무엘이 그것을 기뻐하지 아니하여 여호와께 기도하매 7 여호와께서 사무엘에게 이르시되 백성이 네게 한 말을 다 들으라 이는 그들이 너를 버림이 아니요 나를 버려 자기들의 왕이 되지 못하게 함이니라 (사무엘상 8:4-7)

이스라엘 민족은 하나님의 보호 아래 살았기 때문에 젖과 꿀이 흐르는 가나안 땅에서 살 수 있었고, 시냇가에 심은 나무같이 때를 따라 비가 내리고 풍년이 들어 풍성하게 살 수 있었는데, 그들은 어리석게도 풍요함 속에서 스스로의 위치를 잊어버리고, 하나님의 보호를 버림으로 말미암아 스스로 왕의 종이 되기를 자초하였습니다. 사울왕(BC 1047년에 즉위)을 시작으로 이스라엘에는 약 600년 동안 42명의 왕들이 있었습니다. 그 왕들에게 하나님께서 선지자들을 통하여 계속 믿음을 지키라고 경고하였음에도 불구하고, 그들은 선지자의 말을 듣지 아니하였고, 결국에는 바벨론에 포로로 잡혀가고, 마지막 선지자 말라기 때까지도 회개치 아니하였습니다.

그들은 계속 반복적으로 하나님께 죄를 짓고, 징계를 받아 고난 속으로 들어가고, 어렵게 어렵게 고통의 세월을 거치면서 회개 기도를 하고, 그러면 하나님께서 새로이 용서하시고, 기회를 주시고, 다시 평온으로 돌아갔다가 또다시 하나님께 죄를 짓습니다. 그리고 다시 반복하였습니다. 이스라엘 민족은 구제불능 상태였습니다.

그리하여 하나님께서는 이스라엘 민족만을 구원하시고자 하는 마음을 접으시고, 이 땅에 독생자 예수 그리스도를 보내셔서 유대인이나 이방인이나 구분 없이 모두에게 하나님께 나아올 수 있는 기회를 부여하시기로 작정하셨습니다.

제4기 결론은 사울왕부터 말라기 이후 암흑기까지 동안은 하나님께서 끊임없이 하나님의 위대하심과 기적과 징계와 축복을 선택하신 이스라엘에게 쏟아부어 주셨건만 저들은 반복하여 죄를 짓고 하나님을 떠나 사탄의 품으로 들어갔습니다. 그리하여 결국에는 하나님께서도 손을 놓으시고 저들을 버리시게 되었습니다. 그리고 예수님을 준비하시기로 작정하셨습니다.

8. 제5기 예수님 탄생부터 현재까지 (불로 심판하시다) (AD 1 ~)

예수님 탄생부터 현재까지 약 2,000년 동안 그리고 마지막 불 심판이 오기까지의 역사를 살펴봅니다.

먼저 예수 그리스도에 대해 살펴봅니다.

예수님은 누구신가? 예수님은 하나님께서 이 땅에 성령님을 보내셔서 동정녀 마리아의 몸을 통하여 죄 없는 사람의 몸으로 태어나게 하시고, 사람으로서의 이름을 하나님께서 예수라고 부르게 하셨습니다.

18 예수 그리스도의 나심은 이러하니라 그의 어머니 마리아가 요셉과 약혼하고 동거하기 전에 성령으로 잉태된 것이 나타났더니 21 아들을 낳으리니 이름을 예수라 하라 이는 그가 자기 백성을 그들의 죄에서 구원할 자 이심이라 하니라 (마태 1:18, 21)

하나님께서 왜 그리고 무엇을 위하여 예수님을 이 땅에 보내셨을까요?

우리가 반드시 알아야 할 정말 중요한 것은, 사람이 하나님께 문안 인사를 드리기 위해 하나님 앞으로 나아가기 위해서는 육체는 목욕재계하여 깨끗하게 하여야 하고, 또 영혼 속에 스물스물 묻어 녹아있는 원죄를 씻어 내려 영혼도 깨끗하게 하여 정결한 상태로 만들어져야 합니다. 몸은 목욕을 통하여 물로 씻어 정결케 될 수 있지만, 영혼은 물로 씻을 수 없습니다.

그래서 하나님께서 예수님을 우리에게 보내시고, 예수님이 십자가에 달려 죽게 하시고, 이때 흘리신 예수님의 피로 나의 영혼을 씻어 우리를 깨끗하게 될 수 있게 하기 위하여 예수님을 보내셨습니다.

그러면 어떻게 하여야 예수님 피로 나의 영혼 속에 녹아있는 원죄를 씻을 수 있을까요? 그 정답은 내가 예수님이 나를 대신하여 피 흘리시고 그 피로 나의 원죄를 용서받을 수 있게 되었다고, 믿음으로 시작하여 이 모든 사실을 입으로 말하여 시인함으로써 나의 원죄를 씻을 수 있게 됩니다.

그러나 여기서 잊지 말아야 할 점은 몸에 묻은 더러운 것은 매번 계속하여 반복적으로 물로 씻어야 한다는 점과 영혼에 묻은 더러운 것들도 마찬가지로 반복하여 예수님 보혈로 씻어야 한다는 점입니다.

예수님의 대속의 은혜와 구약 시대 화제와의 관계는 어떻습니까? 먼저 하나님의 선택을 받은 아브라함 시대 그리고 그 이후 이스라엘 시대의 화제는 하나님께서 특별히 아브라함을 통하여, 모세를 통하여 이스라엘 민족을 위하여 정하신 제사법이 있었습니다. 그 제사를 드림으로 영혼을 깨끗하게 씻었습니다. 그 시절에는 다른 이방인들에게는 하나님께 나아갈 수 있는 방법이 없었을 뿐만 아니라, 유대인들조차도 화제 제사를 드리지 아니하면 하나님께 나아갈 수 없었습니다. 화제는 절차가 굉장히 어렵고 잔인하기까지 한 제사법이었습니다. 그러다 보니 포로로 잡혀가고, 전쟁에 휩쓸리고, 가난하게 살아가는 유대인들에게는 화제를 드린다는 것이 현실에서 행하기 어려운 제사가 되고 말았습니다. 이러한 상황에서 유대인들의 신앙심도 많이 훼손되었고, 급기야 하나님께서도 유대인만을 선택하셨던 마음을 바꾸시고 이방인을 포함하여 누구든지 모든 사람들에게 문을 여시고 하나님께 문안 인사 즉 예배를 드리러 올 수 있는 길을 여시게 되었습니다.

그래서 성령님을 마리아의 몸을 통하여 사람으로 만드셔서 이 땅에 보내게 되셨고 그렇게 오신 분이 예수님이십니다. 예수님의 십자가 대속의 의미를 알고, 믿고, 입으로 시인하는 사람은 누구든지 영혼의 깨끗함을 얻게 되고 하나님께 문안 인사, 즉 예배를 드릴 자격을 얻게 된 것입니다.

예수께서 이르시되 내가 곧 길이요 진리요 생명이니 나로 말미암지 않고는 아버지께로 올 자가 없느니라 (요한복음 14:6)
예수께서 신 포도주를 받으신 후에 이르시되 다 이루었다 하시고 머리를

숙이니 영혼이 떠나가시니라 (요한 19:30)
51 이에 성소 휘장이 위로부터 아래까지 찢어져 둘이 되고 땅이 진동하
며 바위가 터지고 (마태복음 27:50-51)

이러한 하나님의 사랑과 은혜를 애써 외면한 선택 받은 유대인들
은, 저들은 지금도 선택받았다고 믿고 있지만, 강도 바라바 대신에 예
수님의 목숨을 빼앗는 대역죄를 짓고 하나님으로부터 버림을 받았으
며, 여기에 더하여 심지어 예수님을 죽인 핏값을 후손들이 받겠다고
무서운 맹세까지 하게 됩니다.

이로써 하나님과 유대인 관계는 종말을 맞이하였습니다.

하나님께서 저들 이스라엘 민족을 완전히 버리시고 온 세상 모든
사람들에게 하나님의 축복을 받을 수 있는 길을 열어 주시게 되었습
니다.

20 대제사장들과 장로들이 무리를 권하여 바라바를 달라 하게 하고 예
수를 죽이자 하게 하였더니 21 총독이 대답하여 이르되 둘 중의 누구
를 너희에게 놓아 주기를 원하느냐 이르되 바라바로소이다 22 빌라도
가 이르되 그러면 그리스도라 하는 예수를 내가 어떻게 하랴 그들이 다
이르되 십자가에 못 박혀야 하겠나이다 23 빌라도가 이르되 어찜이냐
무슨 악한 일을 하였느냐 그들이 더욱 소리 질러 이르되 십자가에 못 박
혀야 하겠나이다 하는지라 24 빌라도가 아무 성과도 없이 도리어 민
란이 나려는 것을 보고 물을 가져다가 무리 앞에서 손을 씻으며 이르되
2)이 사람의 피에 대하여 나는 무죄하니 너희가 당하라 25 백성이 다
대답하여 이르되 그 피를 우리와 우리 자손에게 돌릴지어다 하거늘 26
이에 바라바는 그들에게 놓아 주고 예수는 채찍질하고 십자가에
못 박히게 넘겨 주니라 (마태복음 27:20-26)

강도 바라바를 살려 주는 대신에 예수님을 죽인 피 값을 이스라엘 후손들이 받겠다고 한 무서운 맹세로 인하여 2차 세계대전 당시 유대인 600만 명이 맹세의 핏값을 지불한 역사적 사실을 우리는 기억합니다.

그러면 왜 이토록 어렵고 어려운 과정을 예수님께서 거치면서 또 예수님 피로 정결하게 씻고 하나님께 문안 인사를 드려야 하는지 그 이유가 무엇일까요?

그것은 정결한 몸과 마음으로 문안 인사를 드리고, 하나님을 믿어야 우리의 영혼이 구원을 받을 수 있기 때문입니다. 구원이란 이 세상이 끝난 후, 하나님을 믿는 사람의 영혼이 이 땅에 임하실, 새롭게 만드실 하늘나라에 들어가는 것을 뜻합니다. 구원을 받아 새로운 하늘나라 에덴동산으로 들어가서 영원히 살게 되길 바라기 때문입니다.

예수님 탄생 이후 현대는 인본주의가 극에 달한 시대입니다.

노아 대홍수 이후 약 4,500년 동안 인간들에게는 지식이 누적되어 쌓이고, 인본주의가 판을 치게 되고, 과학이 발달하면서 인간이 우주로 여행을 가는 놀라운 시대가 되었습니다. 사람들은 창조론 보다 진화론을 더 신봉하게 되었고, 자아가 더욱 극성을 부려 확증편향이 심화되어 가고 있습니다. 사람들은 눈에 보이고 손에 잡히는 것들만 믿습니다. 저들은 꿈속에서조차, 눈에 보이는 것들은 눈에 보이지 아니하는 존재로 말미암아 생겨났다는 사실을 절대 받아들이거나 믿지를 않습니다. 그러할진대, 어찌 저들이 눈에 보이지 않는 하나님의 존재를 믿을 수 있겠습니까. 그럼에도 불구하고 하나님께서는 믿는 사람을 찾고 계십니다.

하나님께서는 예수 그리스도 이름을 앞세우고 하나님께 문안 인사, 즉 예배를 드리러 오는 사람을 기다리십니다. 예수님 이후 2,000년 세월 동안 지구상에 태어난 사람의 숫자가 약 200억 명이라고 추정하면(현재 살아 있는 총 인구는 80억명입니다), 그중에서 과연 몇 명을 하나님께서 찾으셨을까요?

이러한 인간중심 세상임에도 불구하고 하나님께서는 참으시면서 기다리시고 계십니다. 하나님을 사랑하는 사람을 기다리십니다. 왜냐하면 너무 사랑하셔서 안아 주시고 싶어 하시기 때문입니다.

우리가 알거니와 하나님을 사랑하는 자 곧 그의 뜻대로 부르심을 입은 자들에게는 모든 것이 합력하여 선을 이루느니라 (로마서 8:28)

제5기 결론은 예수님 탄생부터 현재까지 기간은 하나님은 이스라엘만을 선택하셨던 계약을 버리시고, 예수님을 이 땅에 보내 주시고, 희생 제물로 삼으시고, 예수님을 통하여 이방인을 포함하여 온 세상 모든 사람들에게 축복과 구원의 문을 열어 주셨습니다. 그리하여 지금 세상에서는 누구든지 하나님을 믿고 예배하면서, 하나님 뜻에 합당한 삶을 살면 하나님의 축복과 구원을 얻을 수 있게 되었습니다.

그러므로 우리는 어떻게 사는 것이 하나님 뜻에 합당한 삶이 되는지 기도하고 또 기도해야 할 것입니다.

9. 제6기(마지막 기) 마지막 세상 심판과 다시 오는 하늘나라

인류의 종말이 다가오고 있습니다.

아담이 창조될 때 하나님과 천사들의 모양과 형상대로 창조되었기 때문에 사람의 두뇌 IQ 능력은 측량하기 어려울 정도로 높았습니다.

최초 두뇌의 능력 중에서 10% 정도만 현재 활용되고 있음에도 불구하고, 과학의 발전은 참으로 놀라울 따름입니다.

이제는 AI, Deep Learning, 오가노이드 그리고 휴머노이드까지 발전하고 있습니다. 오가노이드는 생명체를 만들고자 연구하는 것이고, 휴머노이드는 인간의 두뇌와 거의 유사할 정도 또는 그것을 능가하는 두뇌를 가지는 로봇를 만드는 것입니다.

결국 가까운 미래에 인조 생명체가 만들어질 것이고, 인조 로봇이 만들어질 것입니다. 그리고 인조 로봇, 생명체는 스스로 Deep Learning 하여 사람의 능력을 뛰어넘고자 할 것입니다. 여기에서 정말 위험한 것은, 금속 조각들로 만들어진 휴머노이드 로봇은 사람의 능력을 넘어서고, 종국에는 사람을 지배하고자 할 것입니다. 사람이 로봇을 조종하는 것이 아니라, 로봇이 사람을 지배하고 죽이기까지 하는 그런 세상이 우리 눈앞에 와 있습니다. 만약 사람과 휴머노이드 로봇가 싸운다면 사람이 이길 수 없을 것이고, 로봇가 사람을 죽이는 그런 세상이 될 것입니다.

하나님께서는 옛날 네피림들이 사람들을 해하고 죽이는 것을 용납하지 않으시고, 오히려 네피림들을 모두 다 죽이기 위해 홍수를 일으키셔서 물로 저들을 심판하셨습니다. 땅 위에 살아 있었던 호흡하는 생명체들은 저들을 물속에 잠겨 버림으로 호흡을 할 수 없게 만들어 모두 다 죽일 수 있었습니다. 그러나 금속 재질에 움직이는 기계는 물로써 죽일 수 없고 오직 불로써만 죽일 수 있습니다. 그래서 금속으로 만들어진 로봇들이 사람들을 해하고 죽이는 그때가 오면, 하나님께서 불을 사용하여 저 금속 덩어리들을 불에 태워 모두 없애 버리실 것입니다. 그때가 언제일까요?

여러분들 생각에도 과학의 발전 속도를 감안한다면 곧 아주 가까운 장래에 그때가 오리라 생각이 아니 드십니까? 각자의 판단에 맡깁니다.

첫째 천사가 나팔을 부니 피 섞인 우박과 불이 나와서 땅에 쏟아지매 땅의 삼 분의 일이 타 버리고 수목의 삼 분의 일도 타 버리고 각종 푸른 풀도 타 버렸더라 (요한계시록 8:7)

그렇게 하여 불의 심판이 이 땅에 임하고 또 그 불로써 오염된 이 땅을 정화시키고 난 후 그때가 되면 하늘나라가 다시 이 땅에 이루지게 될 것입니다. 하나님을 믿고 구원받은 모든 영혼들은 새 나라에 들어가서 영생복락을 누리게 될 것입니다.

일곱째 천사가 나팔을 불매 하늘에 큰 음성들이 나서 이르되 세상 나라가 우리 주와 그의 그리스도의 나라가 되어 그가 세세토록 왕 노릇 하시리로다 하니 (요한계시록 11:15)

X

창세기 이야기

1. 태초에 하나님이 천지를 창조하시니라

태초에 하나님이 천지를 창조하시니라 땅이 혼돈하고 공허하며 흑암이
깊음 위에 있고 하나님의 영은 수면 위에 운행하시니라 (창세기 1:1-2)

이건 엄청난 일입니다. 천지란 온 세상, 우주 전체를 상징적으로
표현하는 단어입니다. 하나님께서 천지를 창조하셨다고 성경의 시작
에 말씀하시고 계십니다. 그러면 구체적으로 무엇을 창조하셨다고 기
록되어 있는가 하면, 땅과 물을 창조하셨다고 기록되어 있습니다.

땅과 물이 천지 창조의 기본 요소임을 말씀하고 있습니다. 땅과 물
은 생명의 원천입니다. 만물의 원천이 땅과 물입니다.

땅이 풀과 각기 종류대로 씨 맺는 채소와 각기 종류대로 씨 가진
열매 맺는 나무를 만들어 내었고, 또 땅은 호흡하는 생물을 그 종류대
로 내되 가축과 기는 것과 땅의 짐승을 종류대로 만들어 내었으며, 여
호와 하나님이 땅의 흙으로 사람을 지으시고 생기를 그 코에 불어넣
으시니 사람이 생령이 되었습니다.

그리고 하늘 아래 물은 큰 바다 짐승들과 물에서 번성하여 움직이

는 모든 생물을 그 종류대로, 하늘 위 물은 날개 있는 모든 새를 그 종류대로 만들어 내었습니다. 결국 이 세상에 존재하는 모든 생물체는 하나님의 명령 받은 땅과 물이 만들어 내었음을 알 수 있습니다.

그렇게 태초에 창조된 지구에 땅(흙)과 물만 존재하였는데, 그것이 분명하게 구분되어 있는 상태가 아니라, 마구 뒤섞여 혼돈한 상태이면서 또 빛이 없는 상태이다 보니 그야말로 흑암이 깊음 위에 있고 혼돈과 공허로 들어차 있는 상태였음을 알 수 있습니다. 땅 半 물 半 상태로 서로 섞여 있습니다. 여기에 하나님의 신, 즉 성령님이 운행을 하십니다. 땅과 물을 구분하여 질서를 잡습니다. 땅은 땅 대로 물은 물 대로 구분하여 나누어졌습니다.

하나님의 계획에 따라 성령님이 운행하여 기본 질서를 잡으셨습니다.

3 하나님이 이르시되 빛이 있으라 하시니 빛이 있었고 4 빛이 하나님이 보시기에 좋았더라 하나님이 빛과 어둠을 나누사 5 하나님이 빛을 낮이라 부르시고 어둠을 밤이라 부르시니라 저녁이 되고 아침이 되니 이는 첫째 날이니라 (창세기 1:3-5)

빛은 에너지입니다.

하나님께서 땅과 물을 구분한 상태에서도 여전히 흑암이 깊음 위에 있었습니다. 에너지가 없었으니 지구가 자전도 아니하고 공전도 아니하는 스톱 상태에 있었고, 온 천지가 어둠 속에 있었습니다. 하나님께서 빛, 즉 에너지를 만드시니 비로소 지구가 움직이며 자전과 공전을 시작하였고, 낮과 밤이 생기게 되었습니다. 낮은 빛이 있어서 에너지가 충만하여 활동적이지만, 밤은 빛, 즉 에너지가 정지되어 비활동적입니다.

6 하나님이 이르시되 물 가운데에 궁창이 있어 물과 물로 나뉘라 하시고 7 하나님이 궁창을 만드사 궁창 아래의 물과 궁창 위의 물로 나뉘게 하시니 그대로 되니라 8 하나님이 궁창을 하늘이라 부르시니라 저녁이 되고 아침이 되니 이는 둘째 날이니라 9 하나님이 이르시되 천하의 물이 한곳으로 모이고 뭍이 드러나라 하시니 그대로 되니라 10 하나님이 뭍을 땅이라 부르시고 모인 물을 바다라 부르시니 하나님이 보시기에 좋았더라 (창세기 1:6-10)

드디어 하나님께서 물을 정리하십니다. 물을 나누어서 일부는 하늘 아래 땅 위에 물이 있게 하시고, 나머지 일부는 하늘 위 대기권 위에 물이 있게 하셨습니다. 이게 어떤 모습일까 상상을 해 본다면, 지구를 둘러싸고 하늘 위에 물 층을 만드셨다는 이야기입니다. 지구 전체가 마치 온실 같은 모습이었습니다.

땅 위에 있는 물은 하나님의 명령대로 낮은 곳으로 흘러내리면서 높은 곳은 언덕과 산이 되고, 물이 흘러 내리는 골짜기는 강이 되고, 더 낮은 곳으로 물이 모여 호수가 되고 바다가 됩니다. 그리고 대기층으로 옮겨진 물은 낮은 온도로 인하여 얼음층으로 되어 지구를 둘러싸게 되었습니다. 마치 온실같이 지구를 둘러싸고 덮개가 있는 듯한 모습입니다.

엄청난 거대한 양(量)의 물이 움직였습니다.

순식간에 단 하루에 엄청난 양의 물이 흐르면서, 계곡은 깊게 파이고 강이 생기고 땅이 요동을 치면서 뒤집혔습니다. 오늘날 퇴적층이라고 하는 흙의 층이 1차로 생기게 되었습니다.

4 이것이 천지가 창조될 때에 하늘과 땅의 내력이니 여호와 하나님이 땅과 하늘을 만드시던 날에 5 여호와 하나님이 땅에 비를 내리지 아니하셨

고 땅을 갈 사람도 없었으므로 들에는 초목이 아직 없었고 밭에는 채소가 나지 아니하였으며 6 안개만 땅에서 올라와 온 지면을 적셨더라

(창세기 2:4-6)

2. 지구 환경과 처음 지구의 형상

　하나님이 궁창(穹蒼, 하늘)을 만드사 궁창 아래의 물(바다)과 궁창 위의 물(지구를 둘러싸고 있는 대기층 위에 물을 두셔서 우주에서 들어오는 각종 유해 광선을 걸러지게 하심)로 나뉘게 하시매 그대로 되었습니다. 지구는 거대한 온실이 되었습니다. 지구 자전축 기울기는 0도였고, 그래서 봄 여름 가을 겨울 4계절이 없으며, 비도 없고, 땅에서 안개가 올라와 땅을 적시는 최적의 환경이었습니다.

　궁창 아래의 물은 바다요, 그 넓이는 지금 지구 전체 넓이의 20%였습니다. 또한 땅의 넓이도 지금의 지구 전체 넓이의 80%였으며, 나무 등 식물의 양도 지금보다 어마어마하게 더 많았습니다. 당시의 어마어마하게 많은 식물들이 산소를 내뿜어 공기 중 산소 농도가 거의 50% 정도였습니다. 참고로 지금 공기 중 산소 농도는 21%이며, 아마존, 인도네시아 밀림 지역에서 벌채(伐採)로 말미암아 삼림(森林)이 계속 감소하고 있으며, 그 결과 지구 공기 중 산소 농도가 감소되고 있음은 과학적으로도 입증이 되는 분명한 사실입니다.

　궁창 위의 물 층은 태양에서 들어오는 빛 중에서 사람에게 유해(有害)한 빛들을 차단시키는 역할을 하였습니다. 태양광선에는 각종 전자기파, 적외선, 자외선, X레이선, 감마선 등이 들어있는데, 이 중에서 자외선, X레이선, 감마선은 사람에게 매우 좋지 않은 유해 광선(光

線)들입니다. 태양 광선이 궁창 위의 물 층을 통과하여 땅에 도달하는 과정에서 사람에게 유해한 광선, 자외선, X레이선, 감마선 등은 궁창 위 물 층에서 모두 흡수되어 땅까지 오지 못하였습니다.

하나님이 처음 만드신 지구 환경은 사람에게 또 모든 동물들에게 최적의 환경이었습니다. 산소 농도가 50%에 달하였고, 땅에 도달되는 태양광선에는 사람에게 유해한 광선은 없었고, 각종 식물들이 넘쳐났습니다. 그 결과 사람의 수명은 현재와 비교하면 엄청나게 오래 살았으며 질병도 없었고, 공해도 당연히 없었습니다.

3. 사람의 수명(壽命)

하나님이 처음 사람 아담을 지으신 때가 BC 4114년이었습니다. 그로부터 약 1,658년 후 BC 2458년에 하나님이 노아의 홍수로 인간을 심판하셨습니다. 노아 홍수 후 BC 2166년에 아브라함이 태어났습니다.

노아 홍수 이전까지 지구의 환경이 최적 상태를 유지하는 동안, 사람의 수명을 살펴보면, 아담(930), 셋(920), 에노스(905), 게난(910), 마할랄렐(895), 야렛(962), 무두셀라(969), 라맥(777), 그리고 노아가 950세를 살았습니다. 홍수 이전 사람의 명수(命數)가 900세 이상이었음을 알 수 있습니다.

노아의 홍수 심판으로 궁창 위 대기권 위 물이 모두 다
땅으로 쏟아져 내리고, 또 바다가 더 넓어져, 땅이 줄어들고, 이로 인하여 식물의 양도 줄어들었습니다. 나무의 양이 줄어드니, 공기 중 산소 농도가 50%에서 25%로 떨어졌습니다. 오늘날 공기 중 산

소 농도는 21%이며, 아마존 밀림 속은 23% 정도입니다. 그러면서 태양광선 중 사람에게 유해한 자외선, X레이선, 감마선들이 대기권 얼음층에서 걸러지지 못하면서 그대로 땅에 도달하였습니다. 이에 따라 사람의 수명도 자연히 줄어들게 되었습니다. 노아의 아들 중 샘과 그 후손의 수명은 점차 줄어들게 되었습니다. 샘(600), 아들 아르박삿(465), 손자 셀라(460), 증손자 애벨(464), 그다음 자손들, 밸렉(239), 르우(239), 스룩(230), 나홀(248), 데라(205), 데라의 아들 아브라함(175), 아내 사라(127), 아들 이삭(180), 이스마엘(137), 야곱(147), 그리고 야곱의 아들 요셉은 BC 1915년에 태어나, 110세까지 살았습니다. 오늘날 사람의 수명은 좋은 환경에서는 120세, 나쁜 환경에서는 그 아래 60~70세, 현대 의학의 도움을 받으면 90~100세입니다.

노아 홍수 이전까지는 평균 900세에 달했던 사람의 수명이 홍수 이후 지구 환경이 급격하게 변하면서 사람의 수명도 100세를 넘지 못할 정도로 단축되었습니다.

4. 사람의 육체

26 하나님이 이르시되 우리의 형상을 따라 우리의 모양대로 우리가 사람을 만들고 그들로 바다의 물고기와 하늘의 새와 가축과 온 땅과 땅에 기는 모든 것을 다스리게 하자 하시고 27 하나님이 자기 형상 곧 하나님의 형상대로 사람을 창조하시되 남자와 여자를 창조하시고

(창세기 1:26-27)

하나님께서 "우리"라고 말씀하신 우리는 하늘나라에서 하나님 주위에 있는 존재들을 아우르며 가르키신 말씀입니다. 즉 성령님들과 천사들입니다. 이분들은 영(靈)이십니다. 영이시니 모양도 없고 형상도 없습니다. 다만, 눈에는 보이지 않지만, 이분들에게 있는 속성을 육체의 형태로 나타내셨다는 말씀인 줄 압니다. 그러니까 처음 사람 아담이나 하와의 몸, 즉 육체는 천사의 몸에 가까웠고, 현대 사람들의 육체와도 구별된 몸이었다고 봅니다.

그러므로 처음 사람의 몸은 질병도 없고, 아픔도 없는 사망이 없는 완전체였을 것입니다. 실제로 사망이 없었던 아담과 하와의 몸이 선악과의 원죄를 저질은 벌칙으로 세상으로 쫓겨난 후, 저들 몸에 사망이 들어왔고 물과 음식을 먹을 수 있게 소화기관이 생겨났음을 봅니다.

"아담아, 두려워 말고 그 열매를 먹어라. 너의 육체는 음식을 먹지 않으면 생명이 유지될 수 없게 되었다." 그러나 그들은 그것을 먹지 못한다. 그리고 다시 낙원으로 찾아가 생명의 물을 마시게 해 달라고 하자 다시 말씀하신다. "지금은 생명의 물을 마시게 할 수 없다. 너희는 약속의 세월을 채워야 한다. 먼 훗날, 내가 인간의 육체를 입고 그 피를 흘리는 날, 너희 후손은 생명의 물을 마실 수 있게 될 것이다."

(아담과 이브의 생애 중에서)

선악과를 먹은 죄로 음식과 물을 먹어야 살 수 있는 몸으로 변화되었습니다. 에덴동산에서는 천사들과 같이 향을 마시면서 살 수 있는 존재였습니다. 그런데 죄를 짓고 광야, 즉 세상으로 쫓겨나면서 먹고 마셔야 하는 몸이 되었고, 이를 위해 소화기관이 새로이 만들어졌습니다. 결국 땀을 흘려야 살 수 있는 몸이 되고 말았습니다.

5. 하나님께서 영혼을 아담의 코에 불어 넣으셨습니다.

여호와 하나님이 땅의 흙으로 사람을 지으시고 생기를 그 코에 불어넣으
시니 사람이 생령이 되니라 (창세기 2:7)
The LORD God formed the man from the dust of the ground
and breathed into his nostrils the breath of life and the man
became a living being.

생기(生氣)는 the breath of life, 즉 생명의 숨결입니다. 누가 사
람에게 주셨습니까. 하나님께서 아담의 코에 생명의 숨결을 불어넣어
주셨습니다. 그래서 살아 있는 존재(living being)로 만드셨습니다.
사람의 몸은 흙으로 만들어졌고, 생명은 하나님께서 숨결을 넣으셔서
만드셨습니다. 그의 코에 불어 넣어진 생명의 숨결, 생기(生氣)가 영
혼(靈魂)입니다. 영혼이란 영과 혼의 결합체입니다.

독특하게 영혼은 사람에게만 있습니다. 이 세상 모든 생명체는 각
각이 생명이 있고, 생명이 곧 혼이며, 몸과 혼이 일체형으로 만들어졌
습니다. 그래서 몸이 죽으면, 혼도 함께 죽어 흙이나 물로 다시 돌아
갑니다. 그러나 사람의 경우에는 다릅니다.

사람에게 불어 넣어진 영혼은 몸과 분리되어(분리형, 分離形) 있고,
몸이 기능을 다하여 사망이 임하면 몸은 원래 고향인 흙으로 돌아가
지만, 영혼은 원래 고향인 하나님께 돌아갑니다.

인생들의 영혼은(The sprit of man) 위로 올라가고 짐승의 혼은
(the soul of animals) 아래 곧 땅으로 내려가는 줄을 누가 알랴
(전도서 3:21)

여기서 혼은 육체 몸의 생명 되는 역할을 맡습니다. 몸에 생명 되는 피가 잘 돌아도 혼의 역할이 없으면 그 몸은 죽은 몸과 다름 없습니다. 곧 식물인간이 됩니다. 몸에 피도 돌지 않고 혼도 떠나 버리면 곧 그것이 사망입니다. 그리고 영(靈)은 하나님과 소통하는 역할을 맡습니다. 영이 살아서 역할을 다해야 영혼 본연의 역할을 다하게 되며, "하나님 보시기에 좋았더라."라고 하시는 칭찬을 받을 수 있습니다. 영의 역할이 정지되면 하나님과의 의사소통이 정지됩니다. 하나님을 알아볼 수 없고 천사들이 옆에 와도 눈에 보이지 않아서 알 수 없게 됩니다. 영의 역할이 정지되었다 할지라도, 몸과 혼의 생명 유지에는 문제가 없습니다. 그래도 영과 혼은 일체형으로 하나님으로부터 왔기 때문에 그 원천 되는 본향이 어디인지는 영혼이 알고 있습니다.

　아담과 하와가 원죄를 저질은 죗값으로 에덴동산으로부터 쫓겨날 때 하나님께서 두 사람의 영혼 중 영을 잠들게 하셨습니다. 영의 역할을 정지시키셨습니다. 그래서 지금은 사람이 하나님과 예수님과 성령님의 그리고 천사의 음성을 들을 수 없고, 하나님께서 특별히 어떤 선택 받은 사람의 영의 기능을 깨워주시지 않는 한 하늘의 소리를 들을 수 없습니다. 그렇지만 영혼의 본향이 하나님이셨기에 영혼은 잠재적으로 하나님께 돌아가야 한다는 점을 무의식중에도 느끼고 있습니다. 비록 영은 잠자고 있어도, 혼 혼자서라도 하나님이 계시다는 것을 알고 있다는 뜻입니다.

　하나님께서 사람과 의사소통을 하기 위해 혼에 영을 합하여 영혼을 사람에게 넣어 주셨습니다. 그때 하나님께서 넣어 주신 영은 하나님의 영이신 성령님과 동일한 영이고, 천사에게 있었던 영과 같은 영이었습니다. 그래서 아담과 하와는 하나님은 물론이고 천사와도 대화를 하는 존재였습니다. 에덴동산에서는 하나님과 아담 하와가 서로 대화하고 하나님 말씀을 듣기도 하고 하나님께 말씀을 드리기도 했습니다.

여호와 하나님이 그 사람에게 명하여 이르시되 동산 각종 나무의 열매는 네가 임의로 먹되 선악을 알게 하는 나무의 열매는 먹지 말라 네가 먹는 날에는 반드시 죽으리라 하시니라 (창세기 2:16-17)

그러다가 아담이 죄를 지어 에덴동산에서 쫓겨나면서 하나님께서 아담과 하와에게 넣어 주셨던 영혼 중 영의 역할을 막아 버렸습니다. 그 결과 사람이 하나님의 말씀이나 천사의 말을 들을 수 없는 존재가 되어 버렸습니다 다만 하나님께서 사람과 대화하기를 원하실 경우에만 다시 사람에게 속한 영의 기능을 회복시켜 하나님과 대화할 수 있게 만드셨습니다. 오늘날 성령님께서 우리에게 오셔서 우리의 보혜사가 되시는 것도 바로 우리의 영의 역할을 복원시켜 주시고 성령님의 음성을 들을 수 있게 하셨기에 가능하게 된 것입니다. 대표적 사례로 예수님께서는 영이 살아 있어서 하나님을 볼 수 있었고, 대화할 수 있었음을 볼 수 있습니다.

예수께서 큰 소리로 불러 이르시되 아버지 내 영혼을(my spirit) 아버지 손에 부탁하나이다 하고 이 말씀을 하신 후 숨지시니라
(누가복음 23:46)

하나님께서 예수님의 마지막 기도 음성을 들으셨습니다. 그래서 우리가 구원받을 수 있는 길이 열리게 되었습니다.

6. 생육하고 번성하라

하나님이 그들에게 복을 주시며 하나님이 그들에게 이르시되 생육하고
번성하여 땅에 충만하라, 땅을 정복하라, 바다의 물고기와 하늘의 새와
땅에 움직이는 모든 생물을 다스리라 하시니라 (창세기 1:28)
하나님이 노아와 그 아들들에게 복을 주시며 그들에게 이르시되 생육
하고 번성하여 땅에 충만하라 (창세기 9:1)

　　하나님께서는 사람을 너무너무 사랑하셔서 생육하고 번성하라고
축복하셨습니다. 하나님의 형상과 모양에 따라 지으신 사람이 너무
자랑스럽고 보시기에도 너무 좋으셨습니다. 그래서 복을 허락하셨습
니다. 사람은 이미 복을 받았습니다. 단, 한 가지 조건이 붙었습니다.

네가 흙으로 돌아갈 때까지 얼굴에 땀을 흘려야 먹을 것을 먹으리니
네가 그것에서 취함을 입었음이라 너는 흙이니 흙으로 돌아갈 것이니라
하시니라 (창세기 3:19)

　　얼굴에 땀을 흘려야 복을 받는다고 조건을 붙이셨습니다. 무위도식
(無爲徒食)하면서 축복을 받을 수 없습니다. 노력해야 합니다. 사람이
할 수 있는 것은 사람이 노력해서 목표를 성취해야 합니다. 사람이 스
스로 할 수 있는 것을 하나님께 기도해서 하나님의 능력으로 이루겠
다고 한다면, 잘못입니다. 그런 기도는 응답하여 주시지 않습니다. 사
람의 능력 밖에 있어 사람이 할 수 없는 것은 하나님께 기도하면 하
나님께서 응답하셔서 대신 이루어 주십니다. 그러나 반드시 하나님을
믿는 믿음을 하나님께 표현하여 보여드리고, 하나님으로부터 믿음을

인정받는 것이 전제조건입니다.

　그렇지만 사람은 이미 살아가는 데 필요한 복을 충만하게 받았습니다. 생육하고 번성하여 땅에 충만하라고 복을 주셨는데 무엇이 더 필요합니까. 이미 복을 받았는데도 불구하고 습관적으로 하나님께 복을 구하는 신앙이 기복신앙입니다. 성숙한 성도라면 범사가 잘 되는 복은 이미 받았으니, 영혼이 잘되길 기도하고, 또 건강한 몸이 되길 기도해야 합니다. 물론 당연히 스스로 할 수 있는 건강 유지 노력을 하면서 기도해야 합니다.
　하나님께서는 반드시 믿는 자의 기도에 응답하여 주십니다.

7. 하나님께서 금지하신 선악과를 먹고, 죗값으로 마음 속에 자아와 사망이 들어왔습니다.

　8 여호와 하나님이 동방의 에덴에 동산을 창설하시고 그 지으신 사람을 거기 두시니라 9 여호와 하나님이 그 땅에서 보기에 아름답고 먹기에 좋은 나무가 나게 하시니 동산 가운데에는 생명 나무와 선악을 알게 하는 나무도 있더라 (~in the middle of the garden were the tree of life and the tree of the knowledge of good and evil.)
15 여호와 하나님이 그 사람을 이끌어 에덴 동산에 두어 그것을 경작하며 지키게 하시고 16 여호와 하나님이 그 사람에게 명하여 이르시되 동산 각종 나무의 열매는 네가 임의로 먹되 17 선악을 알게 하는 나무의 열매는 먹지 말라 네가 먹는 날에는 반드시 죽으리라 하시니라

(창세기 2:8-17)

에덴동산에 두 나무가 있었습니다. 한 나무는 생명나무였습니다. 두 사람이 그 나무 열매를 먹기만 하면 사망이 없이 영원토록 살 수 있습니다. 그런데 하나님께서 먹지 말라고 하셔서 아담과 하와가 그 말씀대로 먹을 생각조차 하지 않았습니다. 한편, 사탄도 만약 두 사람이 생명나무를 먹으면 영원토록 살게 된다는 사실을 알고 있었기 때문에 절대로 생명나무 과일을 먹으라고 유혹하지 않았습니다. 오히려 먹지 못하게 방해했을 것입니다. 사탄은 절대 바보가 아니니까요.

또 다른 나무는 선악을 구분하게 하는 나무였습니다. 선과 악을 알게 한다는 것은 사람이 스스로 선과 악에 대한 판단을 할 수 있게 된다는 의미입니다. 하나님께서 원래 아담과 하와에게 선악을 구분하는 능력을 주시지 않았습니다. 그것은 에덴동산 하나님 나라에서는 하나님의 몫이었기 때문입니다. 이러한 사실을 너무 잘 간파하고 있었던 사탄에게는 아담과 하와를 패망케 하기 위한 절호의 기회가 되었습니다. 두 사람에게 선악과를 먹이기만 하면, 두 사람은 하나님 말씀대로 반드시 죽게 될 것이기 때문입니다. 사탄이 유혹했습니다. 두 사람이 유혹에 빠졌습니다. 자신들이 얼마나 큰 죄를 저지르고 있는지도 깨닫지 못하고 뱀의 유혹에 넘어갔습니다.

두 사람이 선악과를 먹었습니다. 하나님을 배반하고 죄를 지었습니다. 이것이 원죄입니다. 선악과를 먹음으로 말미암아 선악을 알게 되었습니다. 사람이 선악을 구분할 수 있게 되었습니다. 그것은 바로 사람의 영혼 속에 자아가 들어오게 되었다는 말입니다. 자아는 내가 스스로 선악을 구분하여 판단한다는 뜻입니다. 나의 기준으로, 나의 마음으로, 내 뜻대로, 나에게 이익이 되는 쪽으로 내가 결정하는 것이 자아입니다. 하나님께서 결정하여 주시던 것들을 내가 결정합니다.

내 마음속의 생각이 자아입니다. 자아로 인하여 욕심이 들어오고 탐욕이 생깁니다. 그래서 반드시 죽으리라 하고 하나님께서 말씀하셨습니다.

교만은 패망의 선봉이요 거만한 마음은 넘어짐의 앞잡이니라
(잠언 16:18)
육신의 생각은 사망이요 영의 생각은 생명과 평안이니라
(로마서 8:6)
욕심이 잉태한즉 죄를 낳고 죄가 장성한즉 사망을 낳느니라
(야고보서 1:15)

이렇게 사람에게 들어 온 자아는 사람이 죽기까지 그 영혼 속에 자리를 잡게 되었습니다. 사람의 힘으로는 자아를 없이 할 수 없습니다. 예를 들면, 불교에서 최종 목표하는 수련의 단계가 무아(無我)의 단계라고 합니다. 무아는 자아가 없다는 뜻입니다. 사람이 노력해서, 고행으로 무아의 단계에 이르면 부처가 된다고 합니다.

그러나 자아(自我)를 사람의 능력으로 무아(無我)로 만들 수 없습니다. 왜냐하면 선악과를 먹음으로써 사람의 영혼에 자아가 들어왔기 때문입니다. 사람이 죽어서 하나님 앞에 나가야 그때 자아가 없어질 것입니다.

하나님께서 왜 그토록 선악과를 먹지 말라고 하셨는지 이제야 알게 되었습니다.

또 선악과를 먹은 죄로 사망이 들어왔습니다. 하나님 말씀 잘 듣고 믿고 따랐다면, 동산 중앙에 있는 생명나무 열매도 하나님께서 주셨을 텐데, 통탄할 일이며, 가장 실망하신 분이 하나님이십니다. 하나님의 걸작품에 흠이 생겼기 때문입니다.

지금도 하나님께서는 사람에 대한 희망을 버리지 않으시고 비록 사람은 죽는 존재가 되었지만 죽고 난 후 그 영혼은 구원하기로 마음을 정하셨습니다.

하나님이 세상을 이처럼 사랑하사 독생자를 주셨으니 이는 그를 믿는 자마다 멸망하지 않고 영생을 얻게 하려 하심이라 (요한복음 3:16)

8. 처음부터 선악과를 두지 않았다면 좋았을 텐데

1 그런데 뱀은 여호와 하나님이 지으신 들짐승 중에 가장 간교하니라 뱀이 여자에게 물어 이르되 하나님이 참으로 너희에게 동산 모든 나무의 열매를 먹지(eat) 말라 하시더냐 2 여자가 뱀에게 말하되 동산 나무의 열매를 우리가 먹을 수 있으나 3 동산 중앙에 있는 나무의 열매는 하나님의 말씀에 너희는 먹지도 말고 만지지도 말라 너희가 죽을까 하노라 하셨느니라 4 뱀이 여자에게 이르되 너희가 결코 죽지 아니하리라 5 너희가 그것을 먹는 날에는 너희 눈이 밝아져 하나님과 같이 되어 선악을 알 줄 하나님이 아심이니라 6 여자가 그 나무를 본즉 먹음직도 하고 보암직도 하고 지혜롭게 할 만큼 탐스럽기도 한 나무인지라 여자가 그 열매를 따먹고 자기와 함께 있는 남편에게도 주매 그도 먹은지라 7 이에 그들의 눈이 밝아져 자기들이 벗은 줄을 알고 무화과나무 잎을 엮어 치마로 삼았더라 (창세기 3:1-7)

어떤 사람들은 이야기합니다. 물론 그 어떤 사람이라고 하는 사람들은 하나님을 믿을 생각이 전혀 없이 다만 트집만 잡기 원하는 사람들입니다.

왜 에덴동산에 선악과를 두어 아담과 하와가 먹게 하였느냐. 아예 처음부터 그 나무가 없었다면 죄를 짓지 않았을 거 아니냐고 질문, 시비를 걸어 옵니다. 일견 그 말에 일리가 있는 듯이 보입니다.

하지만, 이 세상 어느 누구도 하나님께서 왜 선악과를 그 자리에 두셨는지 아는 사람은 없습니다. 그래도 성경에 기록된 창세기 말씀을 가지고 합리적 추론(推論)을 해 본다면 하나님 뜻을 미루어 짐작할 수도 있지 않겠나 생각해 봅니다.

에덴동산과 관련된 성경 구절입니다.

8 여호와 하나님이 동방의 에덴에 동산을 창설하시고 그 지으신 사람을 거기 두시니라 9 여호와 하나님이 그 땅에서 보기에 아름답고 먹기에 좋은 나무가 나게 하시니 동산 가운데에는 생명 나무와 선악을 알게 하는 나무도 있더라 (창세기 2:8-9)

에덴동산에는 보기에 아름답고 먹기에 좋은 나무가 많이 있었음을 알 수 있습니다. 그곳은 하나님의 걸작품 에덴동산, 낙원이었으니, 얼마나 많은 과일나무와 기화요초(琪花瑤草)가 있었을지 상상조차 하기 힘듭니다. 생명나무와 선악나무는 수많은 나무들 중 하나 였습니다. 수많은 과일나무 중에서 하와가 자의(自意)로 선악을 알게 하는 나무를 선택하여 먹었다고 볼 수 없을 것입니다. 더구나 하나님께서 먹지 말라고 하셨는데 그 말씀까지 어기고 먹지는 않았을 거라고 생각됩니다. 여기에는 사탄의 유혹이 있었기 때문에 하와가 먹게 된 것이라고 봅니다. 더구나 생명나무를 추천하지 않고 선악과를 먹으라고 한 것은 선악과를 먹은 후 부작용에 대해 사탄은 잘 알고 있었다는 증거가 될 것입니다.

여기서 합리적 추론(推論)을 해 봅니다.

원래 하나님과 성령님 그리고 천사들은 과일을 입을 통하여 음식으로 먹는 것이 아니라 그 향을 코로 들이마셨습니다. 사람도 향을 코로 들이마시는 몸으로 창조되었습니다. 하나님께서 우리의 형상과 모양대로 사람을 지으셨다고 말씀하신 바 있습니다.

그 숫양 전부를 제단 위에 불사르라 이는 여호와께 드리는 번제요 이는 향기로운 냄새니 여호와께 드리는 화제니라 (출애굽기 29:18)
내가 너희의 성읍을 황폐하게 하고 너희의 성소들을 황량하게 할 것이요 너희의 향기로운 냄새를 내가 흠향하지 아니하고 (레위기 26:31)

그래서 하나님께서 아담에게 모든 과일의 향기(aroma)를 마시고, 과일을 먹지는(eat) 말라고 하셨는데, 아담의 몸에는 소화기관이 없었기에 먹어서는 절대 안 되었고, 오직 흠향(歆饗, aroma)만 했었어야 되었습니다.

사탄은 너무나도 잘 알고 있었습니다. 아담과 하와의 몸에 소화기관이 없어서, 과일을 먹으면 죽는다는 사실을 잘 알고 있었습니다. 그래서 아담과 하와가 먹게끔 유혹하였고, 결국 아담과 하와는 먹었고, 죽게 되었습니다.

그리하여 하나님께서도 어찌할 수 없어서, 아담과 하와의 몸을 살리기 위해 그들의 몸에 추가로 소화기관을 만들어 넣으셨습니다. 그러나 음식물과 물을 먹는 것과 소화기관을 추가한 것으로 인한 사망은 하나님조차 막을 수 없으셨습니다.

16 여호와 하나님이 그 사람에게 명하여 이르시되 동산 각종 나무의 열매는 네가 임의로 먹되 17 선악을 알게 하는 나무의 열매는 먹지 말라

네가 먹는 날에는 반드시 죽으리라 하시니라 (창세기 2:16-17)

그리고 하나님의 명령을 믿음으로 따르지 않고, 배반한 벌(罰)로 에덴동산에서 쫓아내시게 된 것입니다.

하나님께서 처음부터 아담을 불신하여 선악과를 동산 중앙에 두시고 아담을 시험하신 것은 아니라고 추론합니다. 아담과 하와를 만드시고 하나님께서 얼마나 좋아하셨는지 말로 설명하기조차 어려운데, 아담을 시험할 리 없음은 너무나 당연하다 하겠습니다.

이것을 오늘날 저와 성도님들에게 동일하게 적용해 보면, 비교해 보면 어떨까요. 선악과의 근본은 역시 믿음이라고 봅니다. 믿음을 잠시라도 잊지 아니하였더라면, 죄를 짓지 아니하였을 텐데, 죄를 짓고 말았습니다.

현재의 우리에게 하나님께서 제시하시는 기준은 무엇이라고 생각하십니까. 믿음이라고 생각합니다.

그러면 우리의 믿음을 하나님께서 원하시는 방법으로 하나님께 표현하여 드려야 하는데, 저와 성도님들은 하나님을 얼마나 간절히 믿고 있는지 하나님께서 아시도록 표현하고 있습니까? 각자가 자문해 볼 필요가 있습니다.

하나님께서 원하시는 믿음의 표현 방법은 오직 하나입니다. 하나님을 찾아뵙고 문안 인사를 드림으로 믿음을 표현하는 것입니다. 그것이 바로 예배입니다. 당신은 매년 세 번 이상 하나님께 예배를 드리고 있습니까? 하나님을 찾아뵙고 있습니까? 만약 믿음이 없다면 하나님께 문안 인사를 드릴 이유가 없습니다.

지금 당신이 교회에서 예배라고 칭하면서 하는 행위, 절차는 하나님께서 원하시는 예배가 아닙니다. 그건 목사 또는 장로 또는 교사가 행하는 성경 교육시간일 뿐입니다. 조용히 묵상하면서 지금의 주일예배 그리고 모든 예배에서 하나님께 문안드리는 절차가 과연 있는지 묵상해 보시기를 권면합니다.

9. 선악과를 먹은 죄로 땅이 저주를 받았습니다.

16 또 여자에게 이르시되 내가 네게 임신하는 고통을 크게 더하리니 네가 수고하고 자식을 낳을 것이며 너는 남편을 원하고 남편은 너를 다스릴 것이니라 하시고 17 아담에게 이르시되 네가 네 아내의 말을 듣고 내가 네게 먹지 말라 한 나무의 열매를 먹었은 즉 땅은 너로 말미암아 저주를 받고 너는 네 평생에 수고하여야 그 소산을 먹으리라 18 땅이 네게 가시덤불과 엉겅퀴를 낼 것이라 네가 먹을 것은 밭의 채소인즉 19 네가 흙으로 돌아갈 때까지 얼굴에 땀을 흘려야 먹을 것을 먹으리니 네가 그것에서 취함을 입었음이라 너는 흙이니 흙으로 돌아갈 것이니라 하시니라 (창세기 3:16-19)

선악과를 먹은 죄로 땅이 저주를 받았습니다.

땅은 아무런 잘못을 저지르지 않았는데, 갑자기 사람이 죄를 지어서 그 불똥이 땅에게 갔습니다. 그 결과 땅이 사람에게 반대로 저주의 대가를 돌려주게 된 것이 가시와 엉겅퀴였습니다.

가시와 엉겅퀴는 단순히 식물 중 하나인 풀을 말하는 게 아닙니다. 풀이 저주의 결과물이 될 수는 없습니다. 그러므로 가시와 엉겅퀴 저주의 결과물은, 땅이 사람 때문에 받은 저주에 대한 결과물이며, 그 실체는 바로 사람에게 치명적인 질병을 가져오는 세균, 바이러스라고 봅니다. 분명, 하나님께서 이것들을 창조하시지는 않았습니다. 이런 종류들을 만드시고 "보시기에 좋았더라"라고 말씀하실 리가 없지 않습니까. 땅이 받은 저주를 사람에게 돌린 결과물이 사람을 해치는 것들이었습니다. 또한 사탄은 사람을 해치기 위한 방법을 찾던 중에 땅과 합작하여 사람에게 유해한 것들을 만들어 내는 절호의 기회를 놓칠 리가 없게 된 것입니다.

10. 아담과 하와가 에덴동산으로부터 쫓겨났습니다.

22 여호와 하나님이 이르시되 보라 이 사람이 선악을 아는 일에 우리 중 하나 같이 되었으니 그가 그의 손을 들어 생명 나무 열매도 따먹고 영생할까 하노라 하시고 23 여호와 하나님이 에덴동산에서 그를 내보내어 그의 근원이 된 땅을 갈게 하시니라 24 이같이 하나님이 그 사람을 쫓아 내시고 에덴동산 동쪽에 그룹들과 두루 도는 불 칼을 두어 생명 나무의 길을 지키게 하시니라 (창세기 3:22-24)

아담과 하와가 에덴동산으로부터 쫓겨났습니다. 하나님께 죄를 짓고 네 가지 징벌을 받고 에덴동산 밖 광야, 즉 세상으로 쫓겨났습니다. 어느 날 무슨 일이 벌어졌는지도 미처 정신 차리지도 못한 채 갑자기 에덴동산 밖으로 쫓겨 나왔습니다. 눈에 보이는 세상은 에덴동산이 아닙니다.

아담은 이제야 큰일이, 절망스러운 일이 생겼음을 알아차립니다. 천사들의 보호도 없어졌고, 하나님도 눈에 보이지 않으십니다. 눈앞이 캄캄합니다. 동산 정문으로 달려갔습니다. 땅바닥에 주저앉아 대성통곡 울면서 하나님께 부르짖습니다. 하나님 한 번만 용서해 주옵소서. 제가 뱀의 꾀임에 빠졌습니다. 잘못했습니다. 저를 쫓아내지 마옵소서 동산 안으로 들어가게 해 주옵소서.

그러나 아무리 부르짖고 기도해도 하나님께서 허락하지 않으십니다.

동산을 지키는 천사 케루빔이 동산 근처에도 못 오게 막아섭니다. 하나님은 불 칼을 든 천사에게 낙원의 문을 잘 지키라고 명령하셨습니다. 정문 밖의 세상으로 쫓겨난 아담과 하와는 그 황량함에 놀라고 또 자신들의 육체가 변했음을 알고 절망한 나머지 기절합니다.

낙원 안에서는 자신들도 천사들과 같은 육체를 가지고 있었기 때문입니다. 기절했다가 깨어나서 또 동산 정문으로 찾아갑니다. 하나님께 살려달라고 매달립니다. 그 자리에 꿇어앉아 통곡하면서 계속 기도합니다. 바깥세상에서는 살 수 없기에 기도 외에는 할 수 있는 것이 없었습니다.

아담이 눈물을 흘리며 탄식합니다.

우리가 낙원에 있을 때는 우리 영의 눈이 열려서 천사들을 볼 수 있었는데, 지금은 어둠밖에 보이는 것이 없습니다. 그러자 하나님께서 말씀하셨습니다. "너희가 낙원에 있으며 나의 보호를 받을 때는 너희 영이 살아 있어 영의 눈이 열려 있었고, 너희 육체가 천사들의 육체와 같은 육체였기에 천사를 볼 수 있었지만, 이제는 너희 영의 눈이 닫혀 나와 천사의 얼굴을 볼 수 없게 되었고 또 물이 없이는 살 수 없는 육체 속에 살게 되었다. 육체가 변하였다."

아담과 하와는 또 에덴동산 가까이 가서 에덴동산을 바라보며 탄식했습니다. 물이 없이는 살 수 없는 자신들의 육체를 한탄하며 낙원을 바라보다가 물에 빠져 죽으려 하였습니다. 절망한 아담에게는 죽고 싶은 마음뿐이었습니다.

거의 죽게 된 그들을 하나님께서 살려내며 다시 말씀하십니다. "너희 육체는 동물의 육체와 같은 성분으로 구성되었기 때문에 물이 없이는 살 수 없을 것이다. 그리고 이 물에 의해 죄를 씻음 받은 너희 후손들 중에 나를 믿는 자들은 구원받는다. 먼 훗날 내가 나 하나님을 믿는 너희에게 생명나무 뿌리에서 흘러나오는 생명수로 너희 죄를 씻어 너희를 구원할 것을 약속한다."

이것이 후일 요한이 요단강에서 예수님께 물세례를 베푼 기원이 되었습니다.

그 후 또 사탄의 공격에 혼이 난 아담은 다시 자신들의 처지를 한탄하며 자살을 시도합니다. 죽기 전에 기도했습니다. "하나님, 저는 저 태양열에 몸이 말라 버렸습니다. 방황하는 것에 지쳤고, 이제는 이 생명이 지긋지긋합니다. 하나님이 언제 우리를 다시 낙원으로 데려갈지 알 수도 없습니다. 제가 사탄의 꼬임에 넘어가 하나님처럼 눈이 밝아지게 되려 하였으나 너무 심히 벌하지 마시고 용서하여 주십시오." 그러자 하나님께서 말씀하셨습니다. "아담아, 네가 지금은 태양을 두려워하고, 피로하고, 방랑하지만 내가 너를 보살펴 줄 것이다."

그러나 아담은 낙원의 정문이 보이는 서쪽 산에 올라가 몸을 던져, 자살을 시도합니다. 그런데 죽지는 않고 피를 흘려 그 피가 바위와 모래 위에 뿌려졌습니다. 아담은 그 피가 자신의 생명이라 생각하고 피 묻은 모래를 떠다가 바위 위에 얹고 하나님께 기도했습니다. 이 피를 대신 받고 자신의 죄를 용서하여 주시라고.

하나님이 그 피를 보고 놀라셨습니다. 그리고 시키지도 않았는데 자신의 피를 바치는 아담의 행위를 기특하게 생각하신 하나님이 새로운 약속을 하셨습니다. "네가 피를 바쳤듯이 나도 훗날 내 피를 바쳐 죄 사함의 기틀을 마련할 것이다. 그러나 너와 너의 후손은 약속한 세월을 다 살아야 광명의 세계에 들 것이다. 그때까지 내가 너희를 보살필 것이니 용기를 가지라. 그리고 다시는 자살을 시도하지 말라." 이 때부터 아담은 하나님께 제사를 드릴 때마다 피로 제단에서 제사를 드리게 되었습니다.

1 아담이 그의 아내 하와와 동침하매 하와가 임신하여 가인을 낳고 이르되 내가 여호와로 말미암아 득남하였다 하니라 2 그가 또 가인의 아우 아벨을 낳았는데 아벨은 양 치는 자였고 가인은 농사하는 자였더라 3 세월이 지난 후에 가인은 땅의 소산으로 제물을 삼아 여호와께 드렸고 4 아벨은 자기도 양의 첫 새끼와 그 기름으로 드렸더니 여호와께서 아벨과 그의 제물은 받으셨으나 5 가인과 그의 제물은 받지 아니하신지라 가인이 몹시 분하여 안색이 변하니 6 여호와께서 가인에게 이르시되 네가 분하여 함은 어찌 됨이며 안색이 변함은 어찌 됨이냐 7 네가 선을 행하면 어찌 낯을 들지 못하겠느냐 (창세기 4:1-7)

가인은 땅의 소산으로 제물을 드렸고, 아벨은 양을 잡아 그 피와 살을 제물로 드렸습니다. 그런데 하나님께서는 아벨의 제사는 받으시고, 가인의 제사는 받지 않으셨습니다. 그로 인해 가인이 아벨을 죽이기까지 하는 큰 사건으로 비화되고 말았습니다. 그러면 왜 가인의 제사는 아니 받고, 아벨 제사만 받으셨을까요.

그 시작은 아담부터입니다.

가인과 아벨의 아버지 어머니인 아담과 하와가 광야에서 스스로 흘린 피를 제단에 올려놓고 하나님께 제사를 드렸습니다. 그리고 하나님께서는 아담의 피, 곧 아담의 생명을 받으시고 그 제사를 받으셨습니다. 그때부터 하나님께 드리는 제사는 피를 바쳐 드리는 제사로 확정되었습니다.

가인도 아벨도 그들 부모가 하나님께 제사드리는 것을 계속 보아

왔습니다. 자식은 부모가 하는 대로 따라 하게끔 되어 있습니다. 듣고
본 대로 하게 됩니다, 그럼에도 불구하고 가인은 아버지가 하는 그대
로 따라 하지 않고 자기의 뜻대로 제사를 드렸습니다. 그러니 하나님
께서 자기 마음대로 하는 제사를 받아 주실 리 없습니다.

결국 가인의 자아가 믿음보다 우선되어 하나님의 눈 밖으로 나게
되었습니다.

11. 네피림 탄생과 죄악 그리고 하나님의 심판

1 사람이 땅 위에 번성하기 시작할 때에 그들에게서 딸들이 나니 2 하나
님의 아들들이 사람의 딸들의 아름다움을 보고 자기들이 좋아하는 모든
여자를 아내로 삼는지라 3 여호와께서 이르시되 나의 영이 영원히 사람
과 함께하지 아니하리니 이는 그들이 육신이 됨이라 그러나 그들의 날은
백이십 년이 되리라 하시니라 4 당시에 땅에는 네피림이 있었고 그 후에
도 하나님의 아들들이 사람의 딸들에게로 들어와 자식을 낳았으니 그들
은 용사라 고대에 명성이 있는 사람들이었더라 5 여호와께서 사람의 죄
악이 세상에 가득함과 그의 마음으로 생각하는 모든 계획이 항상 악할
뿐임을 보시고 6 땅 위에 사람 지으셨음을 한탄하사 마음에 근심하시고
7 이르시되 내가 창조한 사람을 내가 지면에서 쓸어버리되 사람으로부
터 가축과 기는 것과 공중의 새까지 그리하리니 이는 내가 그것들을 지
었음을 한탄함이니라 하시니라 8 그러나 노아는 여호와께 은혜를 입었
더라 (창세기 6:1-8)

하나님이 홍수로 땅 위 세상에서 호흡하는 모든 생물을 다 멸절시키게 되는 원인이 여기 있습니다.

하나님의 아들들이 세상 딸들을 아내로 취하는 욕심을 품기 시작합니다.

그 무렵 사람의 자손이 계속 번성하여 아주 아름다운 미인의 딸들이 태어났습니다. 이것을 본 천사들 중 극히 일부 천사, 즉 하나님의 아들들이 그 여자들에게 미혹되어 "자, 저 사람의 딸들 중에서 각자 아내를 택하여 아들을 낳기로 하자."라고 서로 말하였습니다.

그들 가운데에 우두머리 천사 세미하사가 말하였습니다. "사실 너희들은 어쩌면 이런 일이 실행되기를 원하지도 않는데 나 혼자만이 용서받지 못할 악한 일 이 꼬리를 잡고 미궁에 빠지는 것이 아닌가 걱정이다." 그들은 모두 이구동성으로 대답하였습니다. "이 계획을 불시에 하지 말고 다 함께 실행할 것을 분명히 맹세하고 맹세를 파기한 자는 우리에게서 제외하기로 하자." 그리하여 모두 서약하고 이탈하는 자는 벌하기로 맹세하였습니다. 거기에 합세한 사람은 모두 이백 명이었습니다. 그들은 헐몬산의 꼭대기에 내려섰습니다. 이 산을 헐몬이라고 이름 지은 것은 거기에서 배반하는 자를 벌한다는 맹세를 하였기 때문입니다. 다음은 하나님을 배반한 천사들의 이름입니다.

그들의 우두머리인 세미하사, 아라키바, 라멜, 코카비엘, 아키베엘, 다니엘, 라므엘, 다넬, 에세게엘, 바라크엘, 아사셀, 알메르스, 바트라엘, 아나니엘, 사키엘, 샴샤엘, 사르타엘, 도우르엘, 요므야엘, 사하리엘.

이상은 이백 명의 천사 중 수장들이고 그 외는 모두 이에 동의하고 따랐습니다.

그들은 각자 한 여자를 택하여 아내로 삼고 이와 관계하며 교접하기 시작하였습니다. 또 여자들에게 의료와 저주를 가르치고 약초의 뿌리와 관목의 절단 방법을 가르쳤습니다. 그 여자들은 잉태하여 거인을 낳았습니다. 천사들의 타락으로 인해 거인, 즉 네피림이 탄생하게 되었습니다.

그들은 모든 사람이 땀 흘려 수확한 열매를 하나도 남김없이 먹어버렸고, 양식이 고갈되게 되었습니다. 그러자 거인들은 인간을 잡아먹으려고 인간에게 눈길을 돌렸습니다. 그들은 새와 짐승과 땅에 기어 다니는 생물과 물고기에게 죄를 범하고 서로를 잡아먹으며 피를 빨기 시작하였습니다.

그들은 사람의 딸들과 어울려 다니며 그 여자들과 동침하고 몸을 더럽히며 그 여자들에게 무수히 많은 죄를 저질렀습니다. 여자들은 거인을 낳고 이리하여 온 땅은 유혈과 포학으로 가득 차게 되었습니다. 결국에는 죽은 자의 영혼이 외치기 시작하여 하늘의 문까지 메아리치며 지상에서 행하여지는 포학의 손길은 피할 길이 없고 그들의 울부짖는 소리는 하늘에까지 이르렀습니다.

그리하여 하나님의 홍수 심판이 임하게 되었습니다.

네피림의 실존 증거로 보이는 거대한 돌로 만든 거인들의 석상이 칠레 땅 이스터섬에 있습니다. 세상 사람들은 사람들이 거대한 석상을 만들었다고 하지만, 왜, 언제, 어떻게 만들었는지는 증명하지 못하고 있습니다.

석상의 크기가 20m에 달하고 그 숫자가 땅 위에 600개 정도 그리고 땅속에 2~3배 있다고 합니다.

작은 섬 안에서 600개 이상의 거대한 석상을 사람들이 만들었다, 왜 만들었는지 이유도 없이. 이게 말이 된다고 생각하십니까? 그러므로 성경을 근거로 하여 추론하기에는, 이 거대 석상들은 네피림들이 만들었고, 만들 때는 평지에서 만들었지만, 노아 대홍수 때 그 땅이 솟아올라 산이 되었고, 바다에 물이 차서 산꼭대기가 섬이 되었다고 추론합니다. 이 추론이 틀렸다고 확증할 수 있는 사람은 없다고 봅니다.

12. 하나님의 대홍수 심판

10 칠 일 후에 홍수가 땅에 덮이니 11 노아가 육백 세 되던 해 둘째 달 곧 그 달 열 이렛 날이라 그 날에 큰 깊음의 샘들이 터지며 하늘의 창문들이 열려 12 사십 주야를 비가 땅에 쏟아졌더라 24 물이 백오십 일을 땅에 넘쳤더라 (창세기 7:10, 11, 24)

"하늘의 창문이 열려 비가 땅에 쏟아졌더라"라고 기록되어 있습니다. 하늘에 있는 창문이란, 바로 "궁창 위"라고 할 때 하늘 위에 물 층이 있다고 하였는데 그 물이 보관되어 있는 물 층의 창문을 뜻합니다. 그 물 층의 창문이 열렸으니 엄청난 물이 땅으로 쏟아져 내렸습니다. 40일간을 밤낮없이 계속 쏟아부었습니다. 지구상 어느 한 부분만 비가 온 것이 아니라 지구 전체에 물이 쏟아져 내렸습니다. 오늘날 기준으로 비가 100mm/hour 내리면 극한 재난에 속합니다. 그런데 이건 그런 극한 재난이 아니라 2,000~5,000mm/hour 상상도 안 되는 비가 하루도 아니고 일주일도 아니고 40일 동안 밤낮으로 쏟아져 내렸으니 세상 전체가 물에 잠겼습니다. 땅도 보이지 않고 오직 물만 보였습니다.

거기에 더하여 깊음의 샘물이 터졌다고 기록되어 있습니다. 땅속에 있던 지하수가 터져 올라 땅 위로 솟구쳤습니다.

하늘에서는 엄청난 물이 쏟아져 내리고 땅에서도 엄청난 물이 솟구

쳐 올라오니 지구 표면에 대격변이 일어나게 되었습니다. 처음 지구
는 자전축의 기울기가 0(零)도였지만, 홍수 이후 자전축이 23.5도로
변하였습니다. 지구 천체가 흔들리면서 지구의 자전축이 기울어지게
된 것입니다. 홍수 이전에는 땅이 80%, 바다가 20%였는데, 홍수 후
땅이 28%, 바다가 72%로 변하였으니 당연히 산이 바닷속으로 가라
앉고, 바다가 높은 산으로 솟아오르게 되어 온 세상이 뒤집힌 것이니
지구의 자전축이 변한 것도 당연할 것입니다.

처음 땅의 면적은 지구 전체 면적의 80%였습니다(현재 땅의 면적
은 지구 전체 면적의 28%). 온 땅에 식물이 빽빽하게 들어찼습니다.
땅에 사는 각종 생물들에게 필수적인 산소가 각종 식물들로부터 생산
되는데, 식물들이 얼마나 많은지, 공기 중의 산소 농도가 거의 50%
에 달했습니다. 지구 전체의 80%에 이르는 땅에서 자라는 각종 식물
들이 생산해 내는 산소는 그 농도가 50%에 이르렀고, 그 50% 농도의
산소를 마시는 처음 사람의 육체는 완전한 육체로서 사망도 질병도
없는 육체였습니다. 그래서 그 수명이 보통 900세에 달했습니다. 그
러나 홍수 이후 지구상 땅의 면적이 줄어들면서 식물의 양도 줄어들
어, 식물이 생산하는 산소도 따라서 줄어들게 되었습니다. 현재 공기
중 산소 농도는 21%입니다.

13. 대홍수 이후 노아 가족을 축복하심

1 하나님이 노아와 그 아들들에게 복을 주시며 그들에게 이르시되 생육
하고 번성하여 땅에 충만하라 2 땅의 모든 짐승과 공중의 모든 새와 땅

에 기는 모든 것과 바다의 모든 물고기가 너희를 두려워하며 너희를 무서워하리니 이것들은 너희의 손에 붙였음이니라 3 모든 산 동물은 너희의 먹을 것이 될지라 채소 같이 내가 이것을 다 너희에게 주노라 4 그러나 고기를 그 생명 되는 피째 먹지 말 것이니라 5 내가 반드시 너희의 피 곧 너희의 생명의 피를 찾으리니 짐승이면 그 짐승에서, 사람이나 사람의 형제면 그에게서 그의 생명을 찾으리라 (창세기 9:1-5)

하나님이 아담의 후손에게 복을 주셨듯이 노아의 후손들에게도 복을 허락하셨습니다. 생육하고 번성하며 땅에 충만하라고 복을 주셨습니다. 축복을 허락하신 반면에 조건도 붙이셨는데, 바로 땀을 흘려야 한다는 조건을 붙이셨습니다.

그러므로 범사가 잘되는 축복을 누리기 위해서는 땀을 흘리는 노력을 해야 합니다. 기도만 하고 노력은 하지 않는다면, 축복을 누릴 수 없습니다. 어떤 사람들은 말하기를, 노력을 하면 당연히 축복을 받는 거지 그게 무슨 하나님께서 주는 축복이냐고 말하는 사람들도 있습니다. 그러나 세상 오래 살아보면, 노력만 하면 축복이 굴러들어 오던가요. 아니지요. 노력만으로 되는 것이 아닙니다. 은혜가 필요합니다. 하나님의 축복과 은혜가 있을 때, 노력하면 삼십 배, 육십 배, 백 배의 노력의 결과물을 거둘 수 있게 됩니다.

12 이삭이 그 땅에서 농사하여 그 해에 백 배나 얻었고 여호와께서 복을 주시므로 13 그 사람이 창대하고 왕성하여 마침내 거부가 되어 14 양과 소가 떼를 이루고 종이 심히 많으므로 블레셋 사람이 그를 시기하여 (창세기 26:12-14)

14. 바벨탑 사건과 방언

1 온 땅의 언어가 하나요 말이 하나였더라 2 이에 그들이 동방으로 옮기다가 시날 평지를 만나 거기 거류하며 3 서로 말하되 자, 벽돌을 만들어 견고히 굽자 하고 이에 벽돌로 돌을 대신하며 역청으로 진흙을 대신하고 4 또 말하되 자, 성읍과 탑을 건설하여 그 탑 꼭대기를 하늘에 닿게 하여 우리 이름을 내고 온 지면에 흩어짐을 면하자 하였더니 5 여호와께서 사람들이 건설하는 그 성읍과 탑을 보려고 내려오셨더라 6 여호와께서 이르시되 이 무리가 한 족속이요 언어도 하나이므로 이같이 시작하였으니 이후로는 그 하고자 하는 일을 막을 수 없으리로다 7 자, 우리가 내려가서 거기서 그들의 언어를 혼잡하게 하여 그들이 서로 알아듣지 못하게 하자 하시고 8 여호와께서 거기서 그들을 온 지면에 흩으셨으므로 그들이 그 도시를 건설하기를 그쳤더라 9 그러므로 그 이름을 바벨이라 하니 이는 여호와께서 거기서 온 땅의 언어를 혼잡하게 하셨음이니라 여호와께서 거기서 그들을 온 지면에 흩으셨더라 (창세기 11:1-9)

처음 사람 아담과 하와 그리고 그 후손, 노아의 가족들 그리고 그 후손들이 사용하였던 언어는 천사들이 사용하던 언어와 동일한 언어였습니다. 아담이 에덴동산에서 사용하던 언어가 하늘나라, 하나님이나 성령님들 그리고 천군천사들이 사용하던 언어였습니다. 모든 사람이 같은 말을 하고 있었습니다.

그런데 순식간에 갑자기 혀가 굳어 버렸고, 전혀 다른 말이 입에서 나오기 시작했습니다. 방금 대화하던 옆 사람 하는 말을 알아들을 수 없게 되었고, 나의 말도 옆 사람이 못 알아듣게 되었습니다. 일을 할 수가 없습니다. 말이 통해야 일을 하지 도무지 무슨 말을 하는지 알 수 없으니, 일을 할 수가 없습니다.

집에 돌아가니 가족들 말은 서로 알아들을 수 있었습니다. 자연히 사람들이 흩어지게 되었습니다. 삼삼오오 떠났습니다. 오직 가족만 남았습니다. 그러면서도 어제까지 사용하던 말이나 오늘 사용하는 말이 같은 것 같은데, 왜 말이 안 통하고 저들이 다른 언어를 말하는지 도무지 알 수가 없었습니다.

하나님께서 사람들이 하던 말, 즉 하늘나라 말을 흩어 버리고 하늘나라 말을 쪼개고 쪼개서 새로운 말을 만드시고 부족 단위로 말할 수 있게 만드셨습니다. 이것이 방언이고, 방언이 만들어진 유래입니다.

XI

네피림과 유대인

1. 사람과 사탄이 원수가 된 이유

    사탄, 마귀, 귀신은 사람을 원수로 여겨 끊임없이 파괴하고 공격하고 멸망시키려 하고 있습니다. 도대체 저들은 사람이 어떻게 했다고, 철천지원수로 여기고 6,000년 세월 동안 사람을 공격한다는 말입니까. 그 원수 관계가 되는 최초 출발 과정이 어떻게 된 것인지 알고 싶은데, 신약, 구약 성경에서는 이에 대한 언급을 찾아보기 어렵습니다. 그래서 다른 문헌에서 찾아본 결과, 외경 중 「아담과 이브의 생애」라는 문헌에서 관련 내용을 찾을 수 있었습니다. 비록 교회는 외경을 금기시(禁忌視) 하고 있기는 하지만, 그 내용이 하나님을 믿는 신앙에 흠이 되는 내용은 아니라고 판단되어 여기에서 외경에 기록된 관련 내용을 인용하고자 합니다. 독자들에게 참고가 되길 바라는 마음입니다.

    야훼 하나님이 흙으로 사람을 지으시고 생기를 그 코에 불어 넣으시니 사람이 생령이 된지라.

    야훼 하나님께서 사람을 만드시고 그 이름을 아담이라고 지으셨습니다.

창조 6일째 되는 날, 아담이 눈을 떴습니다.

여긴 어디지? 난 누구지? 두리번두리번 주위를 살펴봅니다. 주위에 자신을 내려다보는 많은 천사들을 발견합니다. 이들은 뭐지?

하나님께서 아담에게 말씀하십니다.

"내가 너를 만들었다. 너는 내가 만든 사람 아담이다. 앞으로 내가 특별히 만든 이 낙원에서 이 낙원을 관리하면서 살아라. 그리고 천사들이 너를 보호하고 시중들며 도와줄 것이다."

하나님께서 천사장 미카엘에게 아담과 하와의 시중을 들라고 명령하십니다.

"아담은 우리의 형상대로 내가 만든 걸작품이다. 너희 천사들은 앞으로 아담에게 머리를 숙여 받들고 모셔라. 특별히 아담에게 천사 몇명을 배치하여 아담을 도와주도록 하라."

천사장 미카엘이 하나님의 명령을 받들고 순종하여 모든 천사들에게 지시합니다.

"우리 모든 천사들은 아담을 받들어 모시도록 하라."

그러나 몇몇 천사들은 미카엘에게 반항합니다. 시기 질투심이 발동합니다.

"왜 우리가 그를 모셔야 합니까? 우리가 아담보다 먼저 창조되었고, 우리의 능력이 아담보다 더 큰데 왜 우리보고 아담을 섬기라 합니까? 우린 그렇게 못 하겠습니다."

천사장 미카엘이 경고합니다.

"너희가 하나님 말씀을 거역하느냐? 그 벌이 두렵지 아니하냐? 하나님 말씀에 순종하라."

그렇지만 끝내 천사들 약 200명 정도가 하나님 말씀을 거역합니다. 그들 하나님께 반역하는 천사 무리의 우두머리 격인 세미하사가 미카엘에게 반항하며 선언합니다. "아담에게 머리를 숙이지 않겠다." 라고. 그러면서 마음속에 아담에 대한 시기, 질투, 원한을 가지게 되고, 아담을 원수로 여기고, 어떻게 하든지 아담이 하나님으로부터 버림받게 되도록 온갖 모략과 계략을 꾸밉니다.

사람을 파괴시키는 것이 사탄의 첫째 목표가 되었습니다.

그리하여 사탄은 끊임없이 지금도 사람을 하나님에 대한 믿음에서 낙마시키기 위해 불철주야 움직이고 있습니다.

에덴동산에서는 아담과 하와가 선악과를 먹게 함으로 원죄를 짓게 만들었고, 욥을 두 번이나 시험하였으나 실패하였고, 예수님을 세 번 시험하였으나 그 또한 실패한 바 있습니다. 사람의 몸속에 들어가 간질을 유발한 귀신을 예수님이 쫓아낸 적도 있습니다. 우리가 살아가는 현대에도 사탄은 끊임없이 사람을 유혹하여 죄의 굴레로 떨어뜨리기 위해 파괴 공작을 하고 있음을 한시라도 잊어서는 아니 됩니다. 우리가 싸울 대상은 혈과 육이 아니요 마귀 사탄임을 확실히 해야 합니다.

2. 하나님 아들들과 네피림 이야기

1 사람이 땅 위에 번성하기 시작할 때에 그들에게서 딸들이 나니 2 하나님의 아들들이 사람의 딸들의 아름다움을 보고 자기들이 좋아하는 모든 여자를 아내로 삼는지라 3 여호와께서 이르시되 나의 영이 영원히 사람과 함께 하지 아니하리니 이는 그들이 육신이 됨이라 그러나 그들의 날은 백이십 년이 되리라 하시니라 4 당시에 땅에는 네피림이 있었고 그

후에도 하나님의 아들들이 사람의 딸들에게로 들어와 자식을 낳았으니 그들은 용사라 고대에 명성이 있는 사람들이었더라 5 여호와께서 사람의 죄악이 세상에 가득함과 그의 마음으로 생각하는 모든 계획이 항상 악할 뿐임을 보시고 6 땅 위에 사람 지으셨음을 한탄하사 마음에 근심하시고 7 이르시되 내가 창조한 사람을 내가 지면에서 쓸어버리되 사람으로부터 가축과 기는 것과 공중의 새까지 그리하리니 이는 내가 그것들을 지었음을 한탄함이니라 하시니라 8 그러나 노아는 여호와께 은혜를 입었더라 (창세기 6:1-8)

■ 하나님의 아들들이 세상 딸들을 욕심내다

그 무렵 아담의 자손이 계속 번성하여 아주 아름다운 미인의 딸들이 태어났습니다. 이것을 본 천사들, 즉 하늘의 아들들은 그 여자들에게 미혹되어 "자, 저 사람의 딸들 중에서 각자 아내를 택하여 아들을 낳기로 하자."라고 서로 말하였습니다. 그들 가운데에 우두머리 천사 세미하사가 말하였습니다. "사실 너희들은 어쩌면 이런 일이 실행되기를 원하지도 않는데 나 혼자만이 용서받지 못할 악한 일 이 꼬리를 잡고 미궁에 빠지는 것이 아닌가 걱정이다."

그들은 모두 이구동성으로 대답하였습니다. "이 계획을 불시에 하지 말고 다 함께 실행할 것을 분명히 맹세하고 (맹세를 파기한 자는) 우리에게서 제외하기로 하자." 그리하여 모두 서약하고 이탈하는 자는 벌하기로 맹세하였습니다. 거기에 합세한 사람은 모두 이백 명이었습니다. 그들은 헐몬산의 꼭대기에 내려섰습니다. 이 산을 헐몬이라고 이름 지은 것은 거기에서 배반하는 자를 벌한다는 맹세를 하였기 때문입니다. 다음은 하나님을 배반한 천사들의 이름입니다.

그들의 우두 머리인 세미하사, 아라키바, 라멜, 코카비엘, 아키베엘, 다니엘, 라므엘, 다넬, 에세게엘, 바라크엘, 아사셀, 알메르스, 바트라엘, 아나니엘, 사키엘, 샴샤엘, 사르타엘, 도우르엘, 요므야엘, 사하리엘.

이상은 이백 명의 천사 중 수장들이고 그 외는 모두 이에 동의하고 따랐습니다.

■ 천사들의 타락과 거인의 탄생

그들은 각자 한 여자를 택하여 아내로 삼고 이와 관계하며 교접하기 시작하였습니다. 또 여자들에게 의료와 저주를 가르치고 약초의 뿌리와 관목의 절단 방법을 가르쳤습니다. 그 여자들은 잉태하여 거인을 낳았습니다. 그들은 모든 사람들이 땀 흘려 수확한 열매를 하나도 남김없이 먹어 버렸고, 양식이 고갈되게 되었습니다. 그러자 거인들은 인간을 잡아먹으려고 인간에게 눈길을 돌렸습니다. 그들은 새와 짐승과 땅에 기어 다니는 생물과 물고기에게 죄를 범하고 잡아먹으며 피를 빨기 시작하였습니다.

■ 불법을 가르치다

아사셀은 검과 작은 칼과 방패와 흉배를 만드는 방법을 가르치고 금속과 그 제품과 팔찌와 장식과 안티몬을 바르는 방법과 눈썹을 손질하는 방법과 각종의 돌 중에서도 가장 크고 뛰어난 것과 온갖 물감을 보았습니다. 그 후 더욱 경건하지 않은 일이 행하여지고 사람들은 간음하며 길을 벗어난 그 행위는 완전히 부패하여 버렸습니다.

세미하사는 모든 마술을 쓰는 자와 (초목의) 뿌리를 끊는 자를 가르치고 알메르스는 어떻게 하면 마술에 걸린 것을 풀 수 있는가를 가르치고 바라크엘은 점성가를, 코카비엘은 (천체의) 징조를, 다니엘은 별을 관찰하는 법을 가르치고 사하리엘은 달의 운행을 가르쳤습니다. 인간들이 죽어가자 그들(천사들)이 외치는 함성소리는 하늘에까지 이르렀습니다.

■ 죽은 자의 영혼의 울부짖음이 하늘의 문을 두드리다

그때 미카엘과 가브리엘과 우리엘과 라파엘이 하늘에서 내려다보니 엄청난 피가 지상에서 흐르고 있었으며 온갖 악행이 행하여 지고 있는 것이 보였습니다.

그들은 서로 이렇게 말하였습니다.

"사람들의 외치는 소리로 인기척이 없는 대지가 하늘의 문까지 메아리쳤다. 너희들 하늘의 성자들은 인간들의 영혼이 고발하여 말한다. 지극히 높으신 분 앞에 우리의 호소를 들으시도록 하시오."

그들은 그들의 주님이신 하나님께 말씀드렸습니다.

"모든 것의 주님이시고 여러 신들의 하나님이시며 왕 중의 왕이신 하나님의 존귀한 자리는 어디에서나 영원히 변하지 않고 계시며 하나님의 이름은 어느 세상에서도 거룩하시고 찬양을 받으시며 하나님 자신은 마땅히 찬양에 찬양을 받으실 분입니다. 하나님은 만물을 창조하셨고 만물을 다스리는 능력 또한 하나님께 있으며 모든 것은 하나님 앞에 열려 명백하게 놓여 있고 하나님은 모든 것을 감찰하실 수 있으시므로 하나님의 눈을 피할 수 있는 것은 하나도 없습니다. 하나님은 아사셀이 지상에서 불법을 가르치고 하늘 위에서 행하여지는 영원한 비밀을 밝힌 일을 보셨습니다. 또 하나님으로부터 그 동료들을 지도할 권한을 부여받은 세미하사는 마술을 폭로하였습니다.

그들은 사람의 딸들과 어울려 다니며 그 여자들과 동침하고 몸을 더럽히며 그 여자들에게 무수히 많은 죄를 밝혔습니다. 여자들은 거인을 낳고 이리하여 온 땅은 유혈과 포학으로 충만하였습니다. 보십시오. 이번에는 죽은 자의 영혼이 외치기 시작하여 하늘의 문까지 메아리치며 지상에서 행하여지는 포학의 손길은 피할 길이 없고 그들의 울부짖는 소리는 하늘에까지 이르렀습니다.

하나님께서는 어떠한 일도 가리지 않으시고 그것이 일어나기 전부터 알고 계시며 이 일도 그들에게 관련되는 일이라는 것을 알고 계십니다. 그럼에도 불구하고 이 일에 관해서 그들에게 어떻게 대하여야 할 것인가 우리에게 아무것도 말씀하시지 않으셨습니다."

■ 악의 심판과 부패한 땅의 정화

그 후 위대하시고 거룩하시며 지극히 높으신 분께서 아루스야리률을 라멕의 아들(노아)에게로 보내기에 앞서서 이렇게 말씀하셨습니다.

"나의 이름으로 그에게 몸을 숨기라고 말하여라. 그리고 오고야 말 종말을 그에게 명시하여라. 인류는 멸망한다. 대홍수가 일어나 온 땅에 미치고 지상에 있는 모든 것은 멸망하여 없어진다. 지금 그가 난을 피하여 그들의 자손이 대대로 살아남도록 그에게 지시하여라."

주님은 또 라파엘에게 말씀하셨습니다.

"아사셀의 손발을 결박하여 암흑 속에 던져 버려라. 다도엘에 있는 황야에 구멍을 파고 거기에 그놈을 던져 버려라. 그놈 위에 거칠고 예리한 돌을 몇 개 놓고 어둠으로 그놈을 덮어 거기에 영원한 자리를 마련해 주어라. 또 그놈이 다시는 빛을 볼 수 없도록 얼굴을 가려라. 대심판이 있는 날에 그를 불길 속으로 내던져 버릴 것이다. 천사들이 타락시킨 땅을 정화하여라. 땅을 고치는 일, 즉 내가 땅을 정화시키고 사람의 아들들은 하늘에서 쫓겨난 천사들이 말하여 그 아들들에게 가르쳐 준 여러 가지 비의(祕義) 때문에 멸망하는 일은 없다고 말하여라. 온 땅은 아사셀이 기술을 가르쳐 주었기 때문에 타락하고 말았다. 일체의 죄를 그놈에게 돌려라."

그리고 또 하나님은 가브리엘에게 말씀하셨다.

"아비 없는 아이나 불의한 아이, 간통하여 낳은 아이를 노려서 간통하여 낳은 아이와 쫓겨난 천사가 낳은 아이를 인간 가운데에서 없애 버려라. 그자들을 끌어내어 서로 싸움을 벌이게 하면 서로 죽이며 자멸할 것이다. 어차피 긴 수명은 아니지만, 그들은 네게 애원할 것이다. 그러나 그들을 생각하는 아비들의 소원은 들어줄 수가 없다. 그들은 영생을 원하며 각 사람이 오백 년의 수명을 희망하고 있는 것이다."

하나님은 미카엘에게 말씀하셨습니다.

"세미하사와 그 동료로서 여자들과 한패가 되어 온갖 부정한 일을 하여 스스로 타락한 생활을 한 자들에게 손을 대라. 그들의 자손이 서로 칼을 맞대고 싸워 사랑하는 아들이 멸망하는 것을 보고 나면 그들을 칠십 세대 동안 그들의 심판과 종말의 날 영원한 심판이 끝날 때까지 대지의 언덕 아래 묶어 두어라. 그날에 그들이 징계의 불을 뚫고 통과함으로써 영원한 감옥에 갇히게 될 것이다. 그때에 그들은 불에 타서 죽고 이제부터 시작하여 모든 세대의 끝까지 그들과 같이 이어진 대로 될 것이다. 모든 쾌락에 (젖은) 영혼과 쫓겨난 천사의 자손을 없애라. 그들은 인간에게 난폭하게 하였기 때문이다. 일체의 난폭을 지상에서 없애라.

모든 악행은 사라지고 정의와 도리(道理)의 나무만이 생겨나리라. 그러면 (모든) 행위는 축복되고 정의와 도리는 기쁨 가운데에 영원히 심어질 것이다. 이제 모든 의인은 (멸망에서) 피하여 천 명의 아들을 얻을 때까지 장수하고 젊은 시대와 노경(老境)을 편안하게 살 것이다. 그때는 모든 땅이 정의에 의하여 경작되고 온갖 나무가 심어져 축복이 충만하게 넘쳐흐를 것이다. 기쁨을 가져오는 온갖 나무가 심어지고 포도나무도 심어지며 포도나무는 (가지가) 휠 정도로 많은 열매를 맺고 어떤 씨를 뿌려도 뿌린 씨앗의 천 배의 수확을 거둘 수 있으며 올리브의 씨앗도 한 줌을 뿌리면 물통(또는 술 담는 그릇)으로 열매를 따서 열 그릇에 채울 것이다.

너는 지상 일체의 폭력과 포학을 일소하고 모든 죄와 땅에서 행하여 지고 있는 불결한 것을 모두 제거하여 지상에서 완전히 불식하여라. 사람의 자손들은 모두 의로운 것이 되고 모든 백성들은 하나님을 경배할 것이다. 온 땅은 모든 부패와 죄악에서 (말끔히) 정화되고 재앙과 고난으로부터 해방될 것이다. 그리고 여러 세대를 걸쳐서 나는 그 위에 두 번 다시 홍수를 내리지 않는다.

그때 나는 하늘에 있는 축복의 창고를 열어서 지상에 있는 사람의 자손들이 겪어야 하는 고생과 고통 위에 복을 내려줄 것이다. 평화와 정의가 세상을 지속하는 한 후손 대대로 영원히 평온한 삶을 유지하게 될 것이다." 아담과 이브의 생애에서 발췌하여 인용함.

3. 하나님께서 아브라함에게 약속하신 유대인에 대한 선민(選民) 관계를 절연(絶緣)하십니다.

아브라함이 하나님의 명령에 순종하여 가나안을 향해 출발함으로써 믿음의 조상이 되었고, 이스라엘을 하나님이 선택하시고 축복하여 주시는 선민(選民)으로 만드셨습니다. (BC 2090년경)

1 여호와께서 아브람에게 이르시되 너는 너의 고향과 친척과 아버지의 집을 떠나 내가 네게 보여 줄 땅으로 가라 2 내가 너로 큰 민족을 이루고 네게 복을 주어 네 이름을 창대하게 하리니 너는 복이 될지라 3 너를 축복하는 자에게는 내가 복을 내리고 너를 저주하는 자에게는 내가 저주하리니 땅의 모든 족속이 너로 말미암아 복을 얻을 것이라 하신지라

(창세기 12:1-3)

그리고 세월이 흘렀습니다. 거의 1,400년 동안 이스라엘 사람들은 하나님의 은혜에 감사하지 아니하고 오히려 배신을 하였습니다.

하나님의 축복 ▶ 축복을 망각하고 바알 아세라 등등 우상숭배 ▶ 하나님의 징계 ▶ 회개 기도 ▶ 하나님이 용서 ▶ 또 하나님의 축복 ▶ 또 축복을 망각하고 바알 아세라 등등 우상숭배

이런 과정이 반복적으로 계속하여 거의 1400년 동안 이어집니다. 이것이 이스라엘의 역사입니다. 그런 과정을 겪으면서도 하나님께서는 이스라엘을 사랑하셔서 참고 참으며 기다려 주셨습니다. 하지만 BC 760년경 더 이상 이스라엘을 용서할 수 없어서 하나님께서 이스

라엘의 끝을 말씀하시게 되었습니다. 하나님께 예배하지 아니하는 이스라엘 사람들과의 약속을 지켜야 할 이유가 사라졌습니다.

1 주 여호와께서 내게 이와 같이 보이셨느니라 보라 여름 과일 한 광주리이니라 2 그가 말씀하시되 아모스야 네가 무엇을 보느냐 내가 이르되 여름 과일 한 광주리니이다 하매 여호와께서 내게 이르시되 내 백성 이스라엘의 끝이 이르렀은즉 내가 다시는 그를 용서하지 아니하리니 3 그 날에 궁전의 노래가 애곡으로 변할 것이며 곳곳에 시체가 많아서 사람이 잠잠히 그 시체들을 내어버리리라 주 여호와의 말씀이니라
(아모스 8:1-3)

그러면서 하나님께서 예수님을 이 땅에 보내시기로 예언하십니다.

베들레헴 에브라다야 너는 유다 족속 중에 작을지라도 이스라엘을 다스릴 자가 네게서 내게로 나올 것이라 그의 근본은 상고에, 영원에 있느니라 (미가 5:2)

아모스 선지자의 BC 760년경 이스라엘의 끝 예언, 그리고 미가 선지자의 BC 700년경 예수님 탄생 예언, 마지막으로 선지자 말라기의 BC 400년경 예언을 끝으로 이스라엘 시대는 끝이 납니다. 그 후 약 400년 동안의 중세 암흑기를 지나 예수님이 탄생하십니다.

하나님께서 사람들을 사랑하사 마지막 배려로 예수님을 보내시고, 예수님을 통하여 사람들을 구원할 길을 만드시기로 하셨습니다. 그렇지만 이미 유대인에 대한 선민으로서의 계약은 파기하셨습니다. 그리하여 유대인, 이방인 누구든지 하나님을 믿는 사람에게 구원의 문을

열어 두시고 하나님 앞으로 나아와 하나님께 예배를 드릴 수 있게 하셨습니다.

유대인들은 이미 하나님께서 계약을 파기하셨음에도 불구하고, 유대인 스스로 예수님을 죽임으로 계약 파기를 확정시켰습니다.

24 빌라도가 아무 성과도 없이 도리어 민란이 나려는 것을 보고 물을 가져다가 무리 앞에서 손을 씻으며 이르되 이 사람의 피에 대하여 나는 무죄하니 너희가 당하라 25 백성이 다 대답하여 이르되 그 피를 우리와 우리 자손에게 돌릴지어다 하거늘 26 이에 바라바는 그들에게 놓아 주고 예수는 채찍질하고 십자가에 못 박히게 넘겨 주니라

(마태복음 27:24-26)

결론입니다. 유대인에 대한 특혜는 사라졌습니다. 출애굽기 17장에서 여호수아가 아말렉과 싸울 때 아론과 훌이 모세의 기도하는 팔을 잡아 올리면 여호수아가 이기는 그런 특별한 하나님의 보호는 사라졌습니다. 유대인 이방인 구별 없이 누구나 예수 그리스도의 대속을 믿고 하나님께 예배하면 구원을 받게 되었습니다.

땅에 엎드려 야훼께 예배하라

1판 1쇄 발행 2023년 12월 05일
지은이 이창주

교정 신선미　**편집** 김해진　**마케팅·지원** 김혜지
펴낸곳 (주)하움출판사　**펴낸이** 문현광

이메일 haum1000@naver.com　**홈페이지** haum.kr
블로그 blog.naver.com/haum1000　**인스타** @haum1007

ISBN 979-11-6440-470-4 (13200)

좋은 책을 만들겠습니다.
하움출판사는 독자 여러분의 의견에 항상 귀 기울이고 있습니다.
파본은 구입처에서 교환해 드립니다.

이 책은 저작권법에 따라 보호받는 저작물이므로 무단전재와 무단복제를 금지하며,
이 책 내용의 전부 또는 일부를 이용하려면 반드시 저작권자의 서면동의를 받아야 합니다.